한국사를 이끈 리더

❷ 삼국의 발전과 경쟁

사진출처 / 연합뉴스

28p / 호우명 그릇 **53p** / 을지문덕 표준영정 **75p** / 서산 마애 여래 삼존상 **94p** / 낙화암 **116p** / 이차돈 순교비 **117p** / 석굴암 본존 불상 **141p** / 북한산비, 황초령비, 마운령비, 창녕비

한국사를 이끈 리더

❷ 삼국의 발전과 경쟁
ⓒ 글 한대규(초등역사교사모임), 2015

1판 1쇄 발행 2015년 4월 8일 | **1판 2쇄 발행** 2018년 4월 2일

글 초등역사교사모임 | **그림** 양은정
펴낸이 권준구 | **펴낸곳** (주)지학사
편집장 박미영 | **팀장** 김은영 | **편집** 문지연 전해인 김솔지 | **디자인** 이혜리
제작 김현정 이진형 강석준 | **마케팅** 송성만 손정빈 윤슬옥
등록 2010년 1월 29일(제313-2010-24호) | **주소** 서울시 마포구 신촌로6길 5
전화 02.330.5297 | **팩스** 02.3141.4488
ISBN 979-11-85786-34-6 74910
ISBN 979-11-85786-30-8 74910(세트)
잘못된 책은 구입하신 곳에서 바꿔 드립니다.

이 도서의 국립중앙도서관 출판예정도서목록(CIP)은 서지정보유통지원시스템 홈페이지(http://seoji.nl.go.kr)와 국가자료공동목록시스템(http://www.nl.go.kr/kolisnet)에서 이용하실 수 있습니다.(CIP제어번호: CIP2015008401)

 **제조국** 대한민국 **사용연령** 8세 이상
KC마크는 이 제품이 공통안전기준에 적합하였음을 의미합니다.

지학사아르볼 아르볼은 '나무'를 뜻하는 스페인어. 어린이들의 마음에 담긴 씨앗을 알찬 열매로 맺게 하는 나무가 되겠습니다.
홈페이지 www.jihak.co.kr/arb/book | **포스트** post.naver.com/arbolbooks

펴냄글

"역사 공부가 재미있는 사람, 손들어 보세요!"라고 묻는다면 손들 사람, 여기 있나요? 여러분은 아마 역사책을 볼 때, '어른들이 읽으라고 해서' 읽을 거예요. 어른들은 '이것도 읽어라, 저것도 읽어라…….' 하며 잔소리를 하고요. 이래서야 어디, 역사 공부할 마음이 나나요? 가뜩이나 역사 공부는 어렵고 지루한데 말이지요.

〈한국사를 이끈 리더〉 시리즈는 이런 독자들의 마음을 잘 아는 선생님들이 모여 만들었어요. 쉽고 재미있으면서도 알찬 역사책으로 우리의 미래를 이끌 리더들에게 역사 공부하는 재미를 되찾아 주고 싶었거든요.

그래서 역사 읽기에 익숙지 않은 여러분이 어려워하는 것들을 차근차근 해결했어요. 우선, 낯선 이름의 수많은 사람들이 등장하는 사건을 줄줄이 읊는 대신 인물 이야기를 넣었어요. 앞뒤가 헷갈리는 복잡한 사건을 늘어놓기보다, 사건을 만들고 역사를 이끈 리더들의 이야기에 그 시대를 담아냈지요. 여러분이 이해하기 어려운 단어는 쉽게 풀어 쓰고, 동화에 담지 못한 역사적 사실과 정보들은 학습 페이지에 담았답니다. 꼭 알아야 할 내용이기에, 일기와 만화, 신문 기사 등 다양한 형식에 정보를 담았어요. 그냥 넘기는 페이지가 아닌 읽고 싶은 페이지로 만들기 위해 노력했지요.

자, 그럼 이제부터 인물로 뼈대를 세우고 정보로 살을 붙인, 살아 있는 역사를 만나러 가 볼까요? 동화책 읽듯 편안하게, 우리 역사를 이끈 리더들의 흔적을 따라가다 보면 어느새 역사와 친해져 있을 거예요.

머리말

학교에서 가장 많이 듣는 말은 역사가 참 어렵다는 말이에요. 대부분 시험을 치르거나 교과서 진도를 따라가기 위해 요약된 역사를 공부하기 때문에 나오는 말이지요. 역사는 요약하면 할수록 재미가 없어지는 과목이에요.

한 사람의 인생을 단 몇 줄로 요약한 것을 읽는다고 생각해 보세요. 누군가와 크게 싸운 이야기를 요약해 버리면, 그 사람이 그때 왜 그런 행동을 할 수밖에 없었는지, 상대방은 그것을 어떻게 받아들였는지 등을 전혀 알 수가 없지요.

'660년에 황산벌에서 계백과 김유신이 싸웠는데, 계백이 지고 백제가 망했다.' 이렇게 간단하게 말해 버리면, 계백의 슬픔과 화랑 관창과 반굴의 희생에서 오는 비장함 같은 건 알 수가 없어요. 그러면 당연히 재미가 없지요.

그래서 이 책을 쓸 때는 삼국 시대에서 중요한 사건을 이룬 위인을 선정하여 그들의 삶을 이야기했어요. 계백 이야기에서 의자왕과 계백, 신라의 김유신과 화랑 관창이 함께 만들어 낸 백제 멸망을 읽는 거예요. 백제의 멸망과 훗날 신라의 삼국 통일이라는 역사적 사건 속에서 이들은 서로 떼려야 뗄 수 없는 관계를 이루며 역사를 만들었으니까요.

어때요? 이렇게 역사를 배운다면, 역사는 더 이상 어려운 암기 과목이 아니라 재미있는 이야기로 여겨질 거예요. 자, 역사를 이끈 리더들의 삶 속으로, 함께 들어가 볼까요?

시흥 도창초등학교에서 한대규 선생님이

차례

펴냄글 / 04
머리말 / 05

1 광개토 대왕 : 대륙을 누빈 고구려의 정복왕 / 08

역사 징검다리 / 28

신라가 고구려의 신하였다고? • 장수왕은 왜 수도를 옮겼을까요? • 특집 인터뷰 : 광개토 대왕을 만나다!

2 연개소문 : 고구려의 자존심을 지킨 명장 / 32

역사 징검다리 / 52

역사 속 라이벌 : 고구려 연개소문 vs 당나라 태종 • 고구려를 지킨 을지문덕 • 집중 토론 : 고구려 멸망의 책임은 누구에게 있나?

3 근초고왕 : 백제의 전성기를 이끈 성군 / 56

역사 징검다리 / 72

백제, 무엇이든 물어보세요 • 특집 기사 : 백제 문화 탐방 – 잃어버린 왕국의 유산을 찾는 여행

4 계백 : 무너지는 백제의 마지막 충신 / 76

역사 징검다리 / 94

의자왕은 정말 나쁜 왕이었나요? • 백제를 되살리려 한 유민들의 이야기 • 가족의 목숨을 거두고 전쟁터로 떠난 계백, 어떻게 생각하나요? • 신기한 이야기 1 : 백제의 멸망을 예고한 사건들

5 이차돈 : 불교를 위해 목숨을 버린 순교자 / 98

역사 징검다리 / 116

이차돈 순교비가 궁금해요 • 신라를 대표하는 불교 문화재 • 신기한 이야기 2 : 신라에 불교를 전해 준 묵호자 이야기

6 진흥왕 : 삼국 통일의 기틀을 닦은 정복 군주 / 120

역사 징검다리 / 138

진흥왕의 배신, 어떻게 보아야 할까요? • 신라 통일의 비밀 무기, 화랑도를 소개합니다 • 특집 기사 : 진흥왕 순수비, 샅샅이 파헤치기!

찾아보기 / 142

광개토 대왕 연표

- 🟡 시대사
- 🟠 인물사

371년
백제 근초고왕의 공격으로 고국원왕이 죽다

372년
소수림왕, 불교를 받아들이고 태학을 세우다

374년
담덕(광개토 대왕), 태어나다

391년
18세의 나이로 왕위에 올라 정복 활동을 시작하다

394년
아들 거련(장수왕)이 태어나다

395년
비려족을 정벌하다

396년
백제를 공격하여 아신왕의 항복을 받다

398년
숙신족을 정벌하다

400년
5만의 군사를 보내 백제·가야·왜 연합군을 신라에서 몰아내 주다

407년
후연을 몰아내다

410년
동부여를 차지하다

412년
장수왕이 왕위에 오르다

412년
광개토 대왕이 죽다

1 광개토 대왕 :
"대륙을 누빈 고구려의 정복왕"

열여덟 살 어린 나이에 왕위에 올라 활발한 정복 활동을 벌인 광개토 대왕. 고구려를 동북아시아에서 가장 강력한 나라로 만든 영웅의 이야기를 만나 보세요.

준비된 고구려의 왕

391년, 고구려의 새로운 왕이 자리에 올랐어요. 열여덟 살의 광개토 대왕이 바로 그 주인공이지요.

광개토 대왕은 17대 소수림왕의 조카이자 18대 고국양왕의 아들로, 어린 시절부터 큰아버지인 소수림왕 곁에서 나라를 다스리는 법을 배웠어요. 그의 어릴 때 이름은 담덕이었지요. 그는 어릴 때부터 총명하고, 무예에도 뛰어났어요. 그야말로 고구려의 '준비된 왕'이었지요.

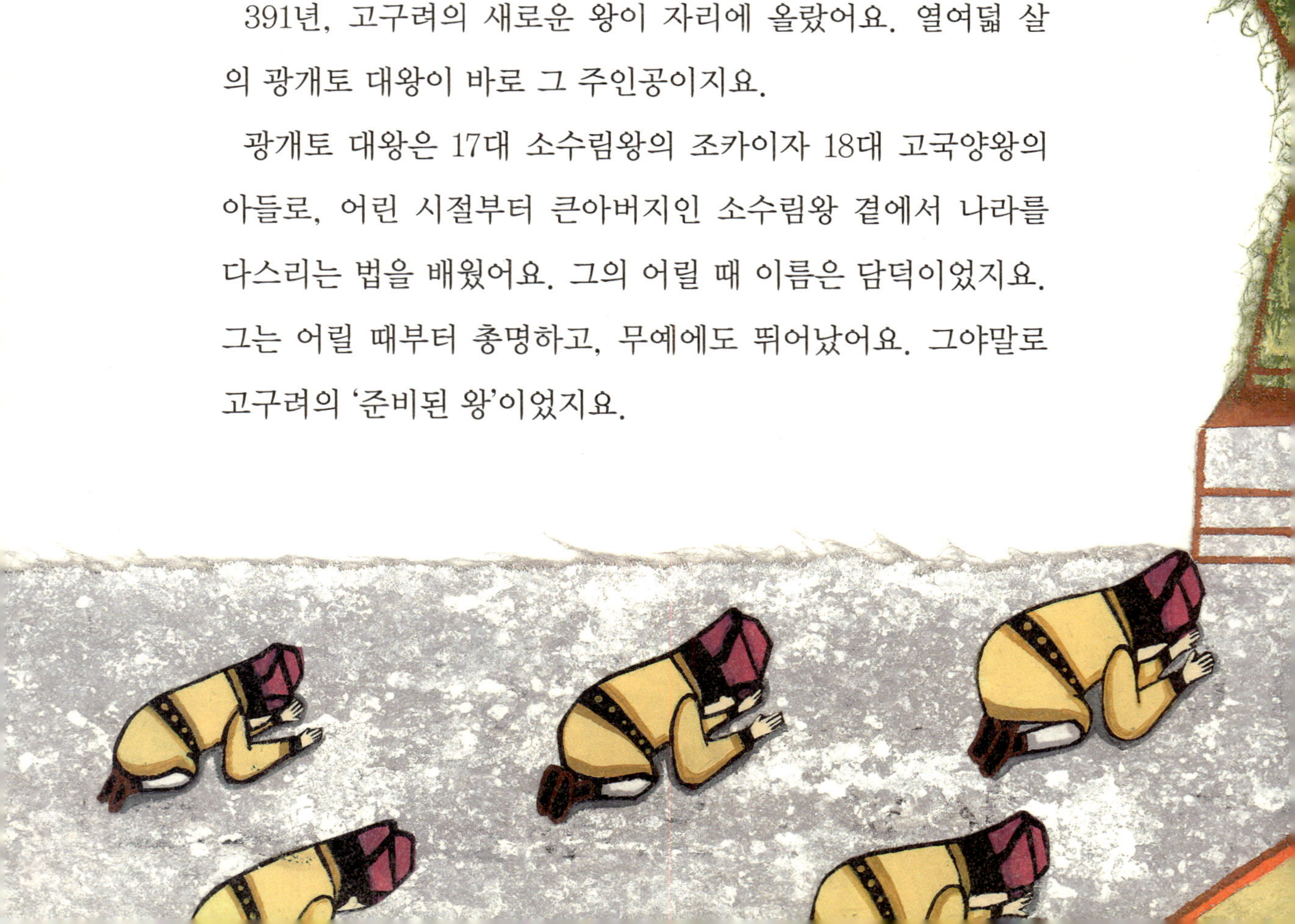

소수림왕은 조카의 빛나는 눈을 보며 물었어요.

"담덕아, 고구려의 원수가 누구인지 말해 보거라."

"네. 우리 땅에 쳐들어와 돌아가신 미천왕(제15대 왕)의 무덤을 파헤친 전연✦과 고국원왕(제16대 왕)을 돌아가시게 만든 백제입니다."

"그래. 맞다. 그러면 내가 당장 그들에게 복수하지 않는 이유도 아느냐?"

"먼저 나라의 힘을 키우기 위해서지요? 태학✦을 만들어 인재를 키우고, 불교를 받아들여 백성들의 마음을 모으시는 까닭이 달리 무엇이겠습니까."

"허허, 우리 담덕은 아주 훌륭한 왕이 될 수 있겠구나."

담덕이 왕위에 올랐을 때는 소수림왕과 고국양왕의 노력으로 고구려가 많이 안정되어 있었지요. 그래서 광개토 대왕은 곧바로 나라 밖으로 눈을 돌릴 수 있었어요. 그는 왕위에 오르고 얼마 안 되어 백제를 공격했답니다.

"둥둥둥둥둥둥둥!"

북소리가 요란하게 퍼졌어요. 광개토 대왕과 4만여 명의 용맹한 고구려 군사들이 백제를 공격하기 위해 길을 떠났지요.

한편 고구려가 침략했다는 소식을 듣고, 백제의 진사왕도

✦ **전연** 중국의 선비족이 세운 나라. 370년에 멸망하고 384년에 후연이 세워졌음
✦ **태학** 귀족의 자녀에게 학문을 가르치던 고구려의 교육 기관

장수들을 불러 말했어요.

"고구려의 왕은 아직 스무 살도 안 된 어린애요. 저 애송이에게 백제의 힘을 보여 주고 돌아오시오."

그 무렵 백제 땅에 다다른 광개토 대왕은 군사들을 멈춰 세우고, 드넓은 들판을 가리키며 우렁차게 말했어요.

"저 아래 기름진 평야를 보아라! 본래 우리의 것이었던 저 땅을 되찾고, 고국원왕의 원수를 갚자! 고구려의 병사들이여, 돌격하라!"

광개토 대왕은 보검을 높이 치켜들었어요.

"와아!"

군사들은 힘찬 환호성과 함께 돌격했어요. 마침내 두 나라 군사들의 숨 막히는 전투가 시작되었어요. 치열한 전투 끝에 승리한 고구려는 열 개의 성과 그 주변 땅을 손에 넣을 수 있었지요.

그해 겨울, 광개토 대왕은 백

제의 요충지*인 관미성을 공격하기로 마음먹었어요.

"관미성은 백제의 도읍을 지키는 관문이다. 그곳을 빼앗으면 백제를 꼼짝 못하게 할 수 있을 것이다."

"하지만 폐하, 관미성은 가파른 절벽 위에 있고, 그 주변은 바닷물로 둘러싸여 있지 않사옵니까? 공격은커녕 성 근처에 가는 것도 어려울 것입니다."

"내게 좋은 생각이 있으니 걱정하지 말거라."

광개토 대왕은 관미성에 이르자 군사를 일곱으로 나누어 물 샐 틈 없이 포위했어요. 사방에서 공격을 퍼부어 금세 성을 차지할 생각이었지만, 백제군의 저항이 만만치 않았지요. 하지만 광개토 대왕은 물러서지 않았어요.

"쉬운 승리는 없다. 고구려의 영광을 위해 죽음을 각오하고 싸우자!"

광개토 대왕의 굳은 의지에 힘을 얻은 고구려군은 더욱 용감하게 싸웠어요. 결국 관미성은 20일 만에 고구려의 손에 넘어갔지요.

★**요충지** 전쟁 시, 방어하기 좋은 지형이거나 주요 도시로 가는 길목에 위치하고 있어 군사적으로 아주 중요한 곳

"고구려 만세! 영락* 대왕 만세!"

한편 진사왕의 뒤를 이어 왕이 된 아신왕은, 빼앗긴 관미성을 되찾기 위해 고구려를 공격하기로 했어요.

"관미성은 백제를 지키는 가장 중요한 성 가운데 하나다. 반드시 되찾아야 한다."

백제는 관미성을 되찾으려 여러 차례 공격했어요. 하지만 고구려군은 끄떡도 하지 않았지요.

"폐하, 백제 아신왕이 관미성을 되찾고자 공격을 계속하고 있사옵니다. 이대로 두어서는 아니되옵니다."

*영락 광개토 대왕이 사용한 연호

"그대의 말이 맞소. 매번 우리에게 지면서도 공격을 멈추지 않으니, 완전한 항복을 받아 내는 수밖에."

396년 광개토 대왕은 중대한 결심을 했어요. 백제의 도읍 한성(지금의 경기도 하남시와 광주시 일대)을 직접 공격하기로 한 거예요.

"용맹한 고구려의 군사들이여! 우리는 한성으로 떠난다. 서해를 통해 남쪽으로 내려갈 것이며, 육지에 다다른 뒤에는 두 갈래로 나뉘어 움직일 것이다. 한성을 손에 넣어 백제 아신왕의 무릎을 꿇리자!"

고구려군은 거침없이 진격했어요. 고구려군이 지나는 곳마다 승리의 함성이 퍼졌지요. 광개토 대왕은 국내성*을 출발한 지 한 달도 채 되지 않아 한성 코앞까지 다다랐어요.

한성이 함락될 위기에 처하자 다급해진 아신왕은 광개토 대왕을 찾아와 무릎을 꿇고 머리를 조아렸어요.

"대왕이시여, 부디 저희를 용서해 주십시오. 지금부터 백제는 영원히 고구려를 섬길 것입니다. 저희의 마음을 담아 포로 1,000명과 베 1,000필을 바치겠나이다."

"그대의 죄를 용서하고, 성의 또한 받아들이겠소. 하지만 이 약속을 깨뜨리는 날에는 멸망을 피하지 못할 것이오. 만약을

★ 국내성 고구려의 두 번째 수도. 제2대 왕인 유리왕이 졸본에서 이곳으로 도읍을 옮긴 뒤, 장수왕이 수도를 옮길 때까지 400년 이상 고구려의 수도였음

위해 그대의 동생과 신하 10여 명도 인질로 데려가겠소."
 광개토 대왕은 백제의 성 58개와 마을 700개를 빼앗은 것은 물론, 매년 조공*을 바치겠다는 약속까지 받아 국내성으로 되돌아왔어요. 이로써 고구려는 한강 북쪽 땅 대부분을 차지하게 되었답니다.

★**조공** 상대방에게 잘 보이기 위해 바치는 돈이나 물건

신라를 도와주다

400년, 신라의 사신이 고구려에 찾아왔어요. 사신은 광개토 대왕에게 값진 예물을 바쳤지요.

"우리에게 귀한 물건을 바치는 이유가 무엇인가?"

"신라는 시시때때로 노략질*을 일삼는 왜구 때문에 골치를 썩고 있었사옵니다. 그런데 요즘은 백제와 가야, 왜국이 손을 잡고 쳐들어와서 나라가 위태롭습니다."

백제 아신왕은 고구려에 관미성을 빼앗기고 충성까지 맹세한 것이 아주 분했어요. 하지만 고구려에 분풀이를 할 수는 없었지요. 그래서 가까이 지내는 가야와 손잡고 왜를 부추긴 거예요. 신라를 정복하자고 말이에요.

"부디 대왕께서 신라를 불쌍히 여기시어, 나라를 유지하도록 도움을 주십시오. 간곡히 부탁드리옵니다."

광개토 대왕은 잠시 생각에 잠겼어요.

'음……. 백제와 가야가 손잡고 왜를 이용해 신라를 괴롭히다니. 아직 힘이 약한 신라를 집어삼키려는 속셈이군. 이번 기회에 신라에서 왜를 몰아내어 우리 발 아래 두고, 백제와 가야에게도 고구려의 힘을 다시 한번 보여 주어야겠다.'

★**노략질** 떼를 지어 다니며 사람을 해치거나 재물을 빼앗는 짓

광개토 대왕은 5만의 군사를 신라로 보냈어요. 신라에 도착한 고구려군은 며칠 만에 왜를 무찔렀지요. 간신히 살아남은 몇 백 명의 왜구들은 고구려 군대를 피해 가야로 도망쳤어요.

"단 한 명의 왜구도 살려 둬서는 안 된다! 멈추지 말고 가야까지 공격하라!"

고구려 군사들은 왜구를 쫓아 가야로 갔어요. 가야는 자신들의 자랑인 철갑 기병을 내세워 강하게 저항했지만 오래 버티지 못했어요.

가야는 이 전투에서 진 뒤 나라가 크게 기울었어요. 이를 지켜 본 백제는 고구려의 위력에 또다시 고개를 숙일 수밖에 없었답니다.

더 넓게 더 크게, 북쪽을 향하여

남쪽으로 영토를 크게 넓히고, 고구려의 위상을 드높인 광개토 대왕은 북쪽으로 말 머리를 돌렸어요. 사실 그동안 광개토 대왕이 북쪽 땅을 그냥 내버려 둔 것은 아니었어요.

395년, 고구려의 국경을 넘어와 도둑질을 하고 사람들을 납치해 가던 비려족을 공격해 큰 승리를 거두었지요. 비려족은 그 이후로 감히 고구려에 맞설 생각을 하지 못했어요.

398년에는 만주와 백두산 근처에 모여 살면서 고구려를 괴롭히던 숙신족 또한 혼내 주었어요. 300여 명의 숙신족을 포로로 끌고 왔고, 해마다 조공을 바친다는 약속을 받았지요.

그런데 광개토 대왕의 진짜 목표는 이들이 아니었어요. 그가 노리는 적은 바로 '후연'이었지요.

후연은 고구려에 쳐들어와 미천왕의 무덤까지 파헤쳤던, 고구려의 원수 '전연'이 새로 세운 나라였어요. 그런데 고구려가 신라에 지원군을 보낸 틈을 타, 후연이 고구려의 영토 일부를 빼앗은 거예요. 광개토 대왕은 미천왕의 원수를 갚고, 북으로 뻗어 나갈 발판을 얻을 좋은 기회라고 생각했지요.

402년, 광개토 대왕은 후연이 차지하고 있던 요동(오늘날 중국 랴오둥 반도) 땅을 향해 떠났어요. 요동은 고조선의 옛 땅으로, 철·석탄 등의 자원이 풍부하고, 넓은 평야가 펼쳐진 비옥한 땅이었어요. 중국으로 향하는 관문이기도 했지요.

광개토 대왕은 후연의 도읍과 가까운 숙군성을 첫 목표로 삼았어요. 숙군성을 지키던 후연의 관리 모용귀는 크게 당황했지요.

"숙군성을 고구려에 빼앗겨서는 절대 안 된다. 성문을 굳게

잠그고, 고구려군이 지칠 때까지 성안에서 버티자!"

모용귀의 작전을 눈치챈 광개토 대왕은 코웃음을 쳤어요.

"성안에서 버티다니, 미련한 작전이로다!"

광개토 대왕은 숙군성으로 들어가는 모든 강줄기를 막아 버렸어요. 그러자 얼마 안 가 숙군성의 물이 동났고, 후연의 군사들은 마실 물이 없어 괴로워했지요. 그들은 결국 물을 얻기 위해 성문 밖으로 나오기 시작했어요.

성문 옆을 지키던 고구려군은 그때를 노려 순식간에 성안으로 들어갔어요. 숙군성은 눈 깜짝할 사이에 쑥대밭이 되었지요.

"모용귀가 도망친다. 저놈 잡아라!"

고구려군을 이길 수 없다는 걸 깨달은 모용귀는 숙군성과 부하들을 버리고 도망쳤답니다.

숙군성을 차지한 광개토 대왕은 후연의 성을 하나하나 무너뜨리며 영토를 넓혀 나갔어요. 그 결과 407년에 후연을 몰아내고 요동 땅을 완전히 차지했어요. 그러나 그는 여기서 멈추지 않았어요.

'이것만으로는 만족할 수 없어. 아직 동부여가 버티고 있지 않는가. 동부여까지 손에 넣어야 해.'

동부여는 고구려를 세운 주몽의 고향으로 고구려의 힘이 약하던 시절, 조공을 바치며 눈치를 보던 큰 나라였지요. 하지만 지금의 동부여는 눈에 띄게 약해져서, 고구려로 넘어오는 동부여의 귀족들이 늘고 있었어요. 광개토 대왕은 때가 왔다는 것을 알아챘지요.

"동부여 땅을 고구려의 것으로 만들자!"

광개토 대왕의 명령에 천하무적 고구려군이 동부여의 땅을 휩쓸었어요. 그 결과 무려 64개의 성을 격파하고 1,400개나 되는 마을을 손에 넣었지요. 동부여는 멸망하여 역사 속으로 사라졌어요.

광개토 대왕은 궁궐로 돌아와도 나랏일을 돌보느라 바빴어요. 더욱 살기 좋은 나라를 위해 쉬지 않고 일하던 그는 어느 날 병에 걸려 자리에 눕고 말았어요.

"비나이다, 비나이다. 우리 영락 대왕이 건강해지시기를 비나이다."

백성들은 정성을 다해 하늘에 기도를 올리고, 신하들도 곳곳의 용하다는 의원들을 데려와 광개토 대왕의 병을 고치려 애썼지요. 하지만 광개토 대왕은 끝내 병을 이기지 못했어요.

"제발 눈을 뜨십시오! 이대로 가시면 아니 되옵니다."

412년 10월, 광개토 대왕은 서른아홉이라는 젊은 나이로 아쉽게 눈을 감았어요. 왕위에 오른 지 22년째 되던 해였어요. 궁궐은 물론 온 나라가 그의 죽음을 슬퍼하는 울음소리로 가득했지요.

광개토 대왕의 뒤를 이어 태자 거련이 왕위에 올랐어요. 그가 바로 고구려 제20대 왕, 장수왕이랍니다. 그는 광개토 대왕의 강인한 성격과 용맹함을 그대로 빼닮았지요.

414년, 왕위에 오른 지 2년이 되던 해 장수왕은 광개토 대왕의 위대한 업적을 기리는 비석을 세우라고 명령했어요. 몇 년의 작업 끝에 광개토 대왕의 업적을 자세히 적은 웅장한 비석이 완성되었지요.

"아버님, 지친 몸을 편히 쉬십시오. 대륙을 누비며 고구려의 기상을 드높였던 아버님의 업적을 영원히 잊지 않겠습니다."

장수왕은 광개토 대왕이 넓혀 놓은 영토를 잘 지켰어요. 그뿐만이 아니라 아버지의 뜻을 이어 영토를 넓히기 위해 애썼어요. 북쪽에 치우친 도읍을 평양으로 옮기고, 한강 이남까지

영토를 넓혔지요. 이렇게 한강을 차지함으로써, 고구려는 한반도에서 가장 넓은 영토를 가진 나라로 전성기를 맞이할 수 있었답니다.

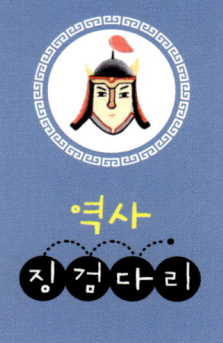

신라가 고구려의 신하였다고?

신라의 내물왕은 백제와 왜의 괴롭힘을 견디다 못해 광개토 대왕에게 도움을 요청했어요. 그 결과 고구려의 간섭을 받게 되었지요. 조공을 바치고, 나라의 중요한 일은 모두 고구려에 보고해야 했어요. 고구려의 신하 나라가 된 것이지요.

그런데 광개토 대왕의 뒤를 이어 장수왕이 왕위에 오른 뒤 상황이 달라졌어요. 북쪽으로 영토를 넓히던 광개토 대왕과는 달리, 장수왕은 남쪽으로 영토를 넓혀 나갔기 때문이에요. 고구려는 이제 신라의 보호자가 아니라 적이 된 거예요. 그래서 신라는 백제와 힘을 합쳐 고구려에 맞서기로 했지요. 이 동맹을 신라의 '라'와 백제의 '제'를 따서 '나제 동맹'이라고 하는데, 훗날 신라의 배신으로 깨지고 말아요.

삼국 시대에는 세 나라가 서로 경쟁하며 나라를 키워 갔어요. 신라뿐 아니라 고구려와 백제도 상황이 변할 때마다 서로 적이 되기도 하고 동맹이 되기도 하면서 경쟁해 나갔답니다.

Tip 호우명 그릇

경상북도 경주에 있는 호우총에서 출토된 그릇이에요. 바닥에 있는 글자를 통해, 신라를 도와 왜를 무찌른 광개토 대왕의 공적✦을 기리기 위해 장수왕이 만들어 하사✦한 것임을 알 수 있어요.

✦ **공적** 노력해서 이루어 낸 일의 결과
✦ **하사** 임금이 신하에게 또는 윗사람이 아랫사람에게 물건을 줌

장수왕은 왜 수도를 옮겼을까요?

장수왕은 왕위에 오른 지 15년이 되던 해, 수도를 국내성에서 평양으로 옮겼어요.

평양은 너른 평야가 있고, 대동강이 서해와 이어져 교통이 편리한 지역이었지요. 또 평양은 군사적으로 유리한 지역이었어요. 중국에 가까웠던 국내성과는 달리 남쪽에 위치하여 중국에 쉽게 도읍을 빼앗기지 않을 수 있었어요. 또한 북쪽에 가까웠던 국내성과 달리 아래로 내려와 있어 백제나 신라를 공격하기 쉬웠지요.

장수왕은 평양으로 도읍을 옮긴 뒤 남진 정책을 펼쳤어요. 백제의 수도인 한성을 함락시키고 한강 이남의 땅을 빼앗았지요. 그리고 중원 고구려비를 세웠어요. 중원은 오늘날 충북 충주 지역이에요.

중원 고구려비는 광개토 대왕릉비의 3분의 1 정도 크기이며, 고구려가 한강 이남 땅을 차지했다는 내용이 새겨져 있어요. 이 비석은 고구려의 비석 중 유일하게 중국이 아닌 우리나라에 남아 있는 비석이랍니다.

▶ 중원 고구려비

고구려 일보

HOT ISSUE #1   그 사람이 알고 싶다!

고구려 최초로 연호를 만든
광개토 대왕을 만나다!

🎤 광개토 대왕님 안녕하세요? 만나 뵙게 되어서 영광입니다. 간단하게 자기소개 부탁드립니다.

👑 안녕하세요. 광개토 대왕입니다. '국강상광개토경평안호태왕'을 줄여서 부르는 이름이지요. 땅을 넓히고 나라를 평안하게 다스린 위대한 왕이라는 뜻이랍니다.

🎤 그렇군요. 그런데 고구려 백성들은 '영락 대왕'이라고 부르던걸요?

👑 제가 '영락'이라는 연호를 만들었거든요.

🎤 연호가 뭔가요?

👑 연호란 해의 차례를 나타내기 위해 나라에서 사용하는 말이에요. 영락이란 '길이 누린다.'는 뜻이지요.

🎤 아, 그러니까 대왕님이 고구려를 다스리기 시작한 지 2년째 되는 해는 '영락 2년', 이런 식으로 표시하는 거지요?

👑 네, 맞아요. 그런데 '영락'이 우리나라 최초의 연호라는 사실을 알고 있나요?

🎤 정말이요? 몰랐어요. 연호를 만들게 된 특별한 이유가 있나요?

특집 인터뷰

 원래 연호는 중국 황제만 만들 수 있었어요. 중국 주변의 나라들은 그 연호를 따라 사용했지요. 하지만 저는 고구려가 강하고 독립된 나라라는 걸 보여 주고 싶었어요. 그래서 우리만의 연호를 만든 거지요.

 그렇군요. 하긴 광개토 대왕릉비를 보면 고구려의 위상이 얼마나 높았을지 상상이 가요.

 하하. 그런가요? 제 아들 장수왕이 제 업적을 기리고 후대 임금과 백성들이 그 뜻을 이어 가길 바라면서 만들었다고 하던데. 전 이 얘기가 나올 때마다 쑥스러워요.

 왜요, 자랑스럽기만 한걸요. 다만 이 비가 서 있는 곳이 더 이상 우리 영토가 아닌 것이 아쉬울 뿐이지요.

 그건 정말 그러네요.

 아쉽지만 이만 인사드려야 할 것 같아요. 자랑스러운 역사를 만들어 주셔서 감사합니다.

Tip 광개토 대왕릉비

비석의 정식 이름은 '국강상광개토경평안호태왕비'예요. 당시 고구려의 도읍이었던 국내성 동쪽(오늘날 중국 길림성 집안시)에 있고, 높이 6.39미터, 너비 1.35~2미터(너비가 고르지 않음)의 거대한 비석이에요. 비석의 네 면에는 약 1,775자의 글자가 새겨져 있고, 그 중요성을 인정받아 유네스코 세계 문화유산에 올랐어요. 비석에는 고구려의 건국 신화와 함께 광개토 대왕의 다양한 업적이 기록되어 있답니다.

연개소문 연표

- 시대사
- 인물사

598년
고구려, 수나라 문제의
1차 침입을 막아 내다

연개소문, 연태조의
아들로 태어나다

618년
영류왕이
왕위에 오르다

631년
고구려, 천리장성을
쌓기 시작하다

연개소문,
막리지가 되다

642년
영류왕을 죽이고 보장왕을 세우다
스스로 대막리지에 오른 후 실권을 잡다

661년
고구려에 침입한
나·당 연합군을 물리치다

645년
고·당 전쟁이 시작되다
안시성 싸움에 승리해
당나라군을 몰아내다

665년
연개소문이
세상을 떠나다

668년
고구려가 멸망하다

2 연개소문 :
"고구려의 자존심을 지킨 명장"

고구려의 자존심을 지킨 영웅인가, 고구려를 멸망으로 이끈 독재자인가? 혼란한 상황 속에서 고구려를 지켜 냈지만 엇갈린 평가를 받고 있는 연개소문. 그의 이야기를 통해 고구려의 마지막 모습을 알 수 있어요.

몸을 낮추고 막리지 자리에 오르다

618년 영류왕이 고구려의 27대 왕위에 올랐어요. 바로 그 해에 중국 땅에서는 수나라가 멸망하고, 당나라가 세워졌지요. 영류왕은 큰 고민에 빠졌어요.

수나라는 고구려와 전쟁을 계속하다가 크게 져서 망한 나라예요. 그 뒤를 이어 세워진 당나라가 고구려를 곱게 볼 리 없었어요. 신하들은 당나라에 사신을 보내 좋은 관계를 유지하자는 온건파와 당당히 맞서 싸워 고구려의 궁지를 지키자는 강경파로 나뉘었어요. 오랜 전쟁에 지친 영류왕은 온건파의 손을 들어 주었어요. 두 나라엔 평화가 찾아오는 듯했지요.

하지만 이런 평화는 오래가지 못했어요. 626년, 형제들을 죽이고 왕위에 오른 당 태종이 주변 나라들을 하나둘 정복하기 시작했던 거예요. 고구려의 안전이 위협받기 시작했지요.

당시 고구려의 막리지*는 강경파였던 연태조였지만, 온건파 세력에 눌려 뜻을 펴지 못했어요. 연태조는 영리하고 대범한 아들, 연개소문에게 기대를 걸고 있었어요. 연개소문 역시 아버지와 뜻을 같이하는 강경파였답니다.

"이렇게 당나라에 고개를 숙이다니, 정말 분합니다!"

"나도 그렇게 생각한다. 게다가 온건파 귀족들이 우리를 눈엣가시처럼 여겨, 폐하께 모함을 하고 있는 것 같더구나. 이러다가 너에게 막리지의 자리를 물려주지 못할까 걱정이다."

고구려에서는 아버지의 관직을 아들이 물려받을 수 있었어요. 연태조가 죽자, 고구려 최고 관직인 막리지 자리는 연개소문이 물려받게 되었지요.

그러나 연태조의 예상대로 온건파들은 연개소문이 막리지가 되는 걸 막으려고 그를 모함하기 시작했어요. 연개소문이

★ **막리지** 고구려의 최고 관직. 군사와 행정의 최고 책임자

당나라와 전쟁이라도 일으킨다면, 자신들의 편안한 삶이 망가질까 걱정되었기 때문이에요.

"폐하, 연개소문은 성격이 포악하고 다툼을 즐긴다고 하옵니다. 그자가 막리지가 된다면 당나라와의 전쟁을 일으킬 것이 뻔하옵니다."

"하지만 연태조는 고구려를 위해 큰일을 많이 한 사람이오. 대대로 물려주던 관직을 갑자기 빼앗는다면 불만을 가지는 이들이 많을 것이오."

이 이야기는 연개소문의 귀에도 들어갔어요.

'아버지의 시신이 식기도 전에 나를 모함하다니! 분하지만 아버지의 뜻을 이어 고구려를 지키려면 반드시 내가 막리지가 되어야 한다.'

연개소문은 자신을 반대하는 온건파 귀족들의 집을 일일이 찾아갔어요. 그러고는 공손하게 머리를 숙이며 그들을 설득했어요.

"그동안 제가 많이 부족하여 신뢰를 얻지 못하였습니다. 부디 아버지의 대를 이을 수 있도록 허락해 주시옵소서. 만약 제가 잘못을 하게 된다면 스스로 막리지 자리에서 물러나겠사옵니다."

이렇게 귀족들의 마음을 움직인 연개소문은 비로소 막리지 자리에 오를 수 있었지요.

천리장성을 지어라!

당나라는 시간이 지날수록 고구려 침략을 향한 야심을 드러냈어요. 고구려가 태자를 당나라에 유학 보내고, 당이 돌궐족을 정복한 것을 축하하며 고구려의 지도까지 선물로 바쳤지만, 당나라는 고구려의 정보를 빼내기 위해 사신을 보냈어요.

고구려를 침략하기 위한 준비였지요.

"폐하, 지난번에 온 당나라 사신 진대덕이 우리의 지형이며 군사 시설을 낱낱이 살피고 돌아갔다고 하옵니다. 머지않아 당나라가 우리 땅을 침략할 것이 분명하옵니다."

"걱정 마시오. 우리는 당나라와 화친*을 맺고 있으니 절대 그럴 일이 없소."

"폐하, 당나라가 우리를 노리고 있다는 걸 왜 모르십니까! 우리가 머리를 조아려도 당나라는 침략해 올 것입니다. 두고 보십시오. 제 말이 틀리지 않았음을 곧 알게 되실 겁니다."

연개소문은 이글거리는 눈으로 영류왕을 쏘아보고는 자리에서 물러났어요.

"연개소문을 이대로 두었다가는 당나라와의 관계를 망치겠군. 게다가 그를 따르는 세력이 늘어나고 있으니, 이참에 멀리 쫓아 버려야겠어."

영류왕은 연개소문을 불러 부드러운 목소리로 말했어요.

"그대의 말이 틀린 것은 아니오. 그래서 우리도 당나라의 침략을 대비해 10여 년 전부터 천리장성을 짓고 있지 않소. 천리장성이 완성될 날이 얼마 남지 않았다고 들었소. 막리지가 직접 마무리 공사를 지켜보고, 당나라 군대도 살피고 오는 것

★ **화친** 나라와 나라 사이에 다툼 없이 친하게 지냄

이 어떻겠소?"

영류왕의 말은 연개소문을 내쫓기 위한 핑계일 뿐이었지요. 이 사실을 연개소문이 모를 리 없었어요. 하지만 영류왕의 말을 거스를 수도 없었지요.

어쩔 수 없이 천리장성으로 떠난 연개소문은 부하에게 기가 막힌 소식을 전해 들었어요.

"영류왕과 온건파들이 막리지를 해

치려 한다는 소문이 돌고 있습니다. 일이 아주 비밀스럽게 진행되고 있다고 합니다."

"어리석은 귀족들 같으니라고! 할 수 없구나. 내 손으로 고구려의 역사를 바꿀 수밖에."

연개소문은 분노를 억누르고 조용히 반격을 준비했어요. 그리고 마침내 그날이 다가왔지요. 642년, 연개소문은 큰 잔치를 열어 여러 대신들을 초대했어요. 그간 훈련시킨 군사들의 모습을 보여 주겠다는 말도 덧붙였지요. 대신들은 꺼림칙한 마음으로 잔치에 참석했어요.

"아니, 연개소문을 제거하려고 준비하는 차에 잔치라니!"
"쉿, 입조심하게! 썩 내키지는 않지만, 괜한 의심을 사느니 참석해야지."
"둥둥둥둥둥!"
잔치가 시작되고 얼마 후, 군사들이 북소리에 맞춰 등장했어요. 번쩍이는 갑옷을 입고 일사불란하게 움직이는 모습에 술에 취한 대신들은 손뼉까지 치며 좋아했지요. 그런데 갑자기, 연개소문이 소리쳤어요.
"쳐라! 대신들의 목을 베어라!"
군사들은 대신들에게 달려들어 날카로운 칼을 휘둘렀어요.

100명이 넘는 대신들을 죽인 연개소문은 그길로 군사를 끌고 궁으로 달려갔어요. 영류왕마저 죽인 연개소문은 영류왕의 조카를 새 왕으로 모셨지요. 그가 바로 보장왕이에요.

보장왕은 이름만 왕인 허수아비였어요. 모든 권력은 연개소문이 휘둘렀지요. 연개소문은 스스로 '대막리지'라는 벼슬을 만들어, 그 자리에 앉았어요.

"당나라에게 머리를 조아리고, 스스로 자존심을 버린 왕은 이제 없다. 고구려는 앞으로 다른 나라에 고개 숙이지 않을 것이다!"

연개소문이 벌인 이 무자비한 반란 때문에 사람들은 그를 독재자라 부르며 두려워했어요. 하지만 연개소문은 아랑곳하지 않고 강한 고구려를 만들기 위해 노력했답니다.

당당히 맞서 싸워 당 태종을 쓰러뜨리다

권력을 장악한 연개소문은 옛 고구려의 강한 모습을 되찾기 위해 눈코 뜰 새 없이 일했어요. 그러던 어느 날, 신라에서 사신이 찾아왔어요. 훗날 태종 무열왕이 되는 김춘추였어요.

"백제의 갑작스런 공격으로 대야성 성주인 사위와 딸을 잃었습니다. 끊임없이 신라를 괴롭히는 백제에 복수할 수 있도록 도움을 주십시오."

하지만 당시 연개소문은 백제와 왜의 공격으로 약해진 신라를 무너뜨릴 생각을 하고 있었어요. 따라서 김춘추의 요청을 받아들일 생각이 없었지요.

연개소문은 보장왕을 시켜 신라에 무리한 요구를 했어요.

"우리의 도움을 받고 싶다면, 예전에 신라가 빼앗아 간 우리 땅을 내놓으시오. 그러지 않는다면 어떤 도움도 줄 수 없소."

김춘추가 이를 거절하자 보장왕은 그를 감옥에 가뒀어요. 김춘추는 하는 수 없이 땅을 돌려주겠다고 거짓말한 뒤 가까스로 신라에 돌아갔지요.

김춘추는 이 일 이후 당나라를 찾아가 신라를 도와줄 것을 부탁했어요. 한반도를 모조리 차지하려던 욕심을 가진 당 태종

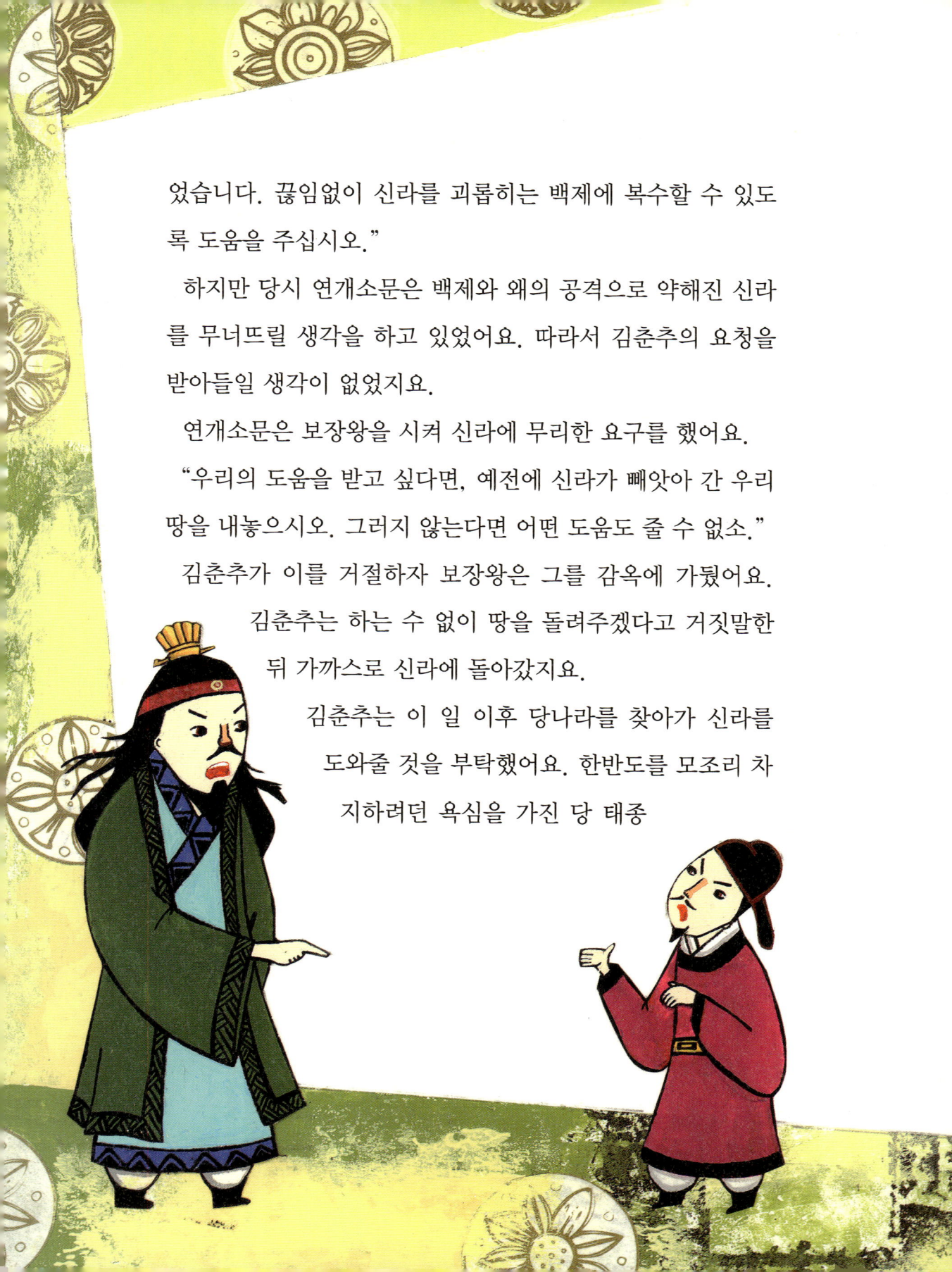

은 흔쾌히 신라와 동맹을 맺었지요.

 연개소문이 김춘추의 요구를 들어주지 않았던 것은, 당나라와 전쟁 준비를 하고 있었기 때문이기도 해요. 그 무렵 고구려는 백제와 손을 잡고 신라를 공격한 적이 있어요. 바로 당나라로 향하는 통로인 '당항성'을 빼앗기 위해서였어요. 이때 신라는 당나라에 도움을 청했는데, 당 태종은 신라의 편을 들어주었어요. 고구려와 백제에 사신을 보내 신라에 대한 공격을 멈추지 않으면 직접 정벌에 나서겠다고 으름장을 놓았지요.

 하지만 연개소문이 그 말을 들을 리 없었어요. 그는 당나라에 머리를 조아리기는커녕 고구려의 일에 간섭하지 말라며 사신을 크게 꾸짖어 보냈어요.

 이 일을 계기로 당나라와 고구려에 전쟁의 기운이 돌고 있었던 거예요.

 "당나라 군사는 요동 지방을 목표로 삼을 것이다. 우리와는 비교할 수 없이 많은 군사가 밀어닥

칠 것이 분명하다. 최대한 버틴 후에 당나라 군대가 지칠 때 공격한다. 성안에 곡식과 물을 저장하라!"

645년, 드디어 당나라가 고구려를 침략했어요. 연개소문의 예상대로 당나라의 목표는 요동 지방이었어요. 당나라 군대는 순식간에 요동성까지 밀어닥쳤지요. 그러고는 맹렬한 공격을 퍼부어 요동성을 19일 만에 함락✝시켰어요.

"무어라? 요동성이 함락됐다고?"

연개소문은 애써 마음을 다스리고 안시성을 지켜 내라고 명령했어요. 안시성은 요동 지역의 중요한 요새였어요. 안시성의 고구려군과 백성들은 목숨을 걸고 싸웠어요. 하루에도 몇 번씩 전투가 벌어졌지만, 안시성은 쉽게 함락되지 않았지요. 결국 당 태종은 새로운 계략을 짜냈어요.

✝**함락** 적의 성, 요새 등을 공격하여 무너뜨림

"안시성보다 더 높게 흙산을 쌓아라! 산 위에서 안시성을 내려다보면서 공격한다!"

당나라 군대는 60일 동안 흙더미를 쌓았어요. 안시성이 훤히 내려다보일 정도로 엄청난 높이의 흙산이 완성되었지요.

그런데 그때 큰일이 벌어졌어요.

"흙산이 무너진다! 모두 어서 피해!"

"와! 당나라 흙산이 무너지고 있다! 고구려 군대는 지금 당장 공격을 시작하라! 흙산을 빼앗아라!"

무너지는 흙산에 당나라 군대가 우왕좌왕하는 사이, 고구려군이 흙산을 점령했어요. 당 태종은 공들인 작전이 실패하자, 크게 상심했어요. 그도 그럴 것이, 거의 60일간 안시성을 에워싸고 공격했지만 소용이 없었기 때문이에요. 당시 안시성의 성주는 양만춘이라고 전해지는데, 그는 고작 4만의 군사와 성안의 백성만으로 당나라의 대군에 맞섰지요. 당 태종은 고구려와의 전투를 제외하고는 거의 져 본 적이 없는 명장이었으니 충격이 컸을 거예요.

날씨는 점점 추워지고, 먹을 것과 마실 물도 부족했지요. 결국 당 태종은 전쟁을 멈추고 당나라로 돌아갔어요. 하지만 연개소문은 만족하지 않았어요.

"당나라 군대가 편히 돌아가지 못하도록, 길을 모두 막아라. 그리고 후퇴하는 당나라군을 공격해라. 한 놈도 살려 보내지 않을 것이다!"

결국 당 태종은 큰 피해를 입고 겨우 당나라에 도착했어요. 하지만 전쟁에서 진 후 병을 얻어 649년 죽고 말았지요. 당 태종은 죽기 전에 자식들에게 절대 고구려를 침략하지 말라고 당부했다고 해요.

당나라를 물리친 연개소문은 승리에 자만하지 않고, 당나라의 침략에 대비했어요. 또한 전쟁으로 황폐해진 나라를 안정시키기 위해 애썼지요.

그렇게 10여 년이 흐르자 연개소문의 예측대로 당나라가 다시 고구려를 침략했어요. 660년 당나라와 신라가 손을 잡고 백제를 멸망시킨 뒤, 661년 그 기세를 몰아 고구려까지 공격한 거예요.

"당나라 고종이 제 아비의 유언을 지키지 않고, 스스로 죽으러 오는구나. 고구려라는 이름만 들어도 벌벌 떨도록 본때를 보여 주겠다."

연개소문은 당나라와의 전쟁에서 이길 수 있는 작전을 세웠어요. 혹독한 추위의 겨울 날씨와 얼어붙은 강물을 이용한 작전이었지요.

한편 당나라의 수십만 군사는 연개소문의 작전은 꿈에도 생각지 못한 채 장안성에 도착했어요. 그들 앞에는 꽁꽁 언 강이 기다리고 있었지요. 당나라 군대는 망설이지 않고, 얼음 위에 발을 내딛었어요. 얼음이 두껍게 얼어 안전할 것이라고 생각했기 때문이에요.

그때였어요. 하늘에서 큰 돌덩어리가 비처럼 쏟아져 내렸어요. 꽁꽁 언 강물이 돌덩어리 때문에 깨지기 시작했지요.

"으악, 얼음이 깨진다!"

"살려 줘! 으아악!"

당나라 군대는 거의 대부분이 물에 빠지고 고구려군에게 목숨을 잃었어요. 당나라 고종은 아버지의 말을 듣지 않고, 고구려를 공격한 것을 무척이나 후회했다고 해요. 그 뒤 고구려에는 서너 해 동안 평화가 찾아왔지요.

그러던 어느 날, 연개소문이 병에 걸려 자리에 누웠어요. 자신의 목숨이 얼마 남지 않았다는 것을 예감한 연개소문은 세 명의 아들을 불러 유언을 남겼지요.

"너희 삼 형제는 고기와 물처럼 화목하게 지내야 한다. 벼

슬이나 권력을 두고 절대 싸우지 말거라. 내 목숨과도 같은 고구려를 부디 잘 지켜 다오."

665년, 연개소문은 자신의 권력을 세 아들에게 나누어 주고 세상을 떠났어요. 당나라의 침략으로부터 나라를 지키고, 고구려의 위상을 널리 알린 영웅이 떠난 것이지요.

그러나 세 아들은 연개소문의 유언을 지키지 못했어요. 세 사람이 서로 권력을 차지하기 위해 다투다, 끝내 신라와 당나라 연합군의 침략을 받게 되었지요. 결국 고구려는 668년에 멸망해 역사 속으로 사라지고 말았답니다.

역사 속 라이벌 : 고구려 연개소문 vs 당나라 태종

고구려의 연개소문과 당나라의 태종은 닮은꼴 라이벌이라고 해요. 어떤 점이 비슷할까요?

첫째, 임금을 죽이고 권력을 잡았어요. 연개소문은 영류왕을 죽이고 보장왕을 왕위에 올렸어요. 그러고는 실질적으로 자신이 나라를 다스렸지요. 당 태종 역시 자신의 형과 동생을 죽이고 스스로 왕위에 올랐답니다.

둘째, 두 사람 모두 뛰어난 장수였어요. 연개소문은 '칼을 5개나 차고 다닌다.'라는 기록이 남아 있고, 당과의 전쟁을 승리로 이끌었지요. 당 태종 역시 당이 세워질 당시 이웃 나라를 정복하고 나라 안의 반란을 제압한 훌륭한 장수였어요.

셋째, 훌륭한 리더십을 가졌어요. 연개소문은 당나라의 침략을 막아 내고 전쟁을 승리로 이끌었어요. 당 태종 또한 전쟁에서 진 일이 거의 없으며, 나라를 안정시키기 위해서도 애를 많이 쓴 훌륭한 왕이었지요.

이렇게 비슷한 점이 많은 두 사람이지만, 승리는 연개소문의 것이었어요. 당 태종은 후손들에게 절대 고구려를 침략하지 말라는 유언을 남길 만큼 고구려를 두려워했답니다.

고구려를 지킨 을지문덕

고구려는 끊임없이 중국과 충돌했지만 중국과 동등한 입장에서 자존심을 지켜 왔어요. 연개소문이 활약하기 전에는 수나라의 침략을 무찌른 용맹하고 위대한 장군, 을지문덕이 있었답니다.

수나라는 612년, 113만 명의 군사를 이끌고 고구려를 침략했어요. 을지문덕은 먼 길을 오느라 지친 수나라 군대에게 일부러 져 주면서 수나라 군대를 고구려 땅 깊숙이 이끌었어요. 그러다 평양성 근처에서 수나라 군대에게 맹렬한 공격을 퍼부었지요.

허겁지겁 도망치던 수나라 군대는 살수라는 얕은 강에 이르렀어요. 하지만 이것 역시 을지문덕의 함정이었어요. 강 상류를 막아 두었던 거예요. 을지문덕 장군은 수나라 군대가 강을 반쯤 건너자 상류에 쌓았던 둑을 터뜨렸어요. 수나라 군대는 물에 휩쓸려 대부분 죽음을 맞았고, 물에서 빠져나온 군사들은 고구려군의 화살과 창칼에 쓰러졌어요.

이렇게 수나라는 고구려에 크게 패했어요. 하지만 그 뒤로도 몇 차례 고구려를 침략했지요. 하지만 번번이 패배했고, 고구려와의 전쟁에 국력을 쏟아 부은 탓에 나라가 무너지고 말았답니다. 연개소문이 활약할 수 있었던 것은 을지문덕이 수나라군을 물리쳤기 때문이라고도 볼 수 있겠죠?

집중 토론

- 연개소문의 세 아들 초청 토론 -
고구려 멸망의 책임은 누구에게 있나?

연개소문이 죽은 후 고구려 사회는 큰 혼란에 빠졌고, 끝내 멸망했어요. 많은 사람이 그 책임이 연개소문의 세 아들에게 있다고 말하지요. 과연 누구의 책임인지, 세 사람의 이야기를 들어 보겠습니다.

남생 아버지가 돌아가신 후에 아버지의 후계자 자리를 놓고 싸움이 일어났습니다. 그건 다 권력에 눈이 먼 동생들 탓이에요. 맏아들인 제가 후계자가 되는 것이 당연하잖아요?

남건 남생 형님은 대막리지에 오를 만한 능력이 없었어요. 나라를 더 잘 다스릴 수 있는 사람이 대막리지가 되어야 하는 게 아니오?

남산 둘째 형님 말이 맞소. 게다가 남생 형님은 우리에게 권력을 빼앗겼다고 당나라에 도움을 청하지 않았소. 아버지께서 당나라에 머리 조아리는 걸 얼마나 싫어하셨는데! 외세를 끌어들인 형님 탓이 가장 크오.

남생 너희들이 내게 그런 말을 할 자격이 있느냐? 아버지께선 우리에게 권력을 나눠 주시며 화목하게 지내라 하셨다. 그런데 너희는 내 아들을 죽이고, 나 역시 죽이려 하지 않았느냐?

남건 그건 다 고구려를 위한 일이었소. 형님이 아버지의 뜻을 어기고 당나라와 손잡을 것이 뻔했으니 말이오.

남생 흥, 핑계는 좋구나.

남건 생각해 보니 우리들의 탓만은 아니오. 형님이 항복한 뒤 당나라 군대가 쳐들어오자, 삼촌 연정토가 백성 3,500명을 이끌고 신라에 항복해 버렸잖소. 연개소문의 동생이 항복하다니…….

남산 맞는 말입니다. 나중에는 남건 형님이 정신을 차리고 끝까지 평양에 남아 싸웠지만 당나라 군대를 도저히 이길 수가 없었지요. 형님들, 만약 우리가 권력 싸움을 하지 않았다면 어땠을까요?

남건 어쩌면 아버지가 평생을 바쳐 일궈 놓은 고구려를 끝까지 지킬 수 있었을지도 모르지. 씁쓸하구나.

쉽게 결론이 나지 않는군요. 꼭 세 사람뿐만 아닌, 고구려 지배층 모두의 잘못이라는 생각이 드네요. 천하를 호령하던 고구려가 사람들의 욕심 때문에 사라졌다고 생각하니 정말 아쉽습니다. 연개소문도 하늘에서 세 아들의 모습을 보며 정말 가슴이 아팠을 것 같네요. 그럼 이만 토론을 마치겠습니다.

근초고왕 연표

- 시대사
- 인물사

여구(근초고왕) 태어나다

346년
근초고왕이 왕위에 오르다

366년
신라와 왜국에 사신을 보내다

369년
마한을 공격해 한반도 남쪽 땅을 차지하다
왜왕에게 칠지도를 하사하다
고구려의 침입을 물리치다

371년
근초고왕이 직접 고구려를 공격하다

371년
백제와의 전투 중에 고국원왕(고구려)이 죽다

372년
동진에 사절을 보내 교류하다

왜국에 아직기를 보내 문화를 전파하다

박사 고흥에게 명령해 역사책 〈서기〉를 편찬하다

375년
근초고왕이 죽다

375년
근구수왕이 왕위에 오르다

3 근초고왕 :
"백제의 전성기를 이끈 성군"

한강 유역을 차지하고 고구려와 당당히 겨루면서 백제의 전성기를 이끈 근초고왕. 백제의 최대 영토를 만들었음은 물론, 활발한 해상 무역을 통해 문화를 발전시킨 백제의 정복왕을 만나 보세요.

 ## 근초고왕, 나라를 정비하다

　근초고왕은 백제의 13대 왕으로, 346년 왕위에 올랐어요. 그는 왕이 되자마자 강력한 귀족 집안의 여성을 왕비로 맞았어요. 강한 힘을 가진 귀족을 자신의 편으로 만들어, 세력을 키우기 위해서였어요.

　힘을 키운 근초고왕은 왕위를 넘보는 세력들을 완전히 정리했어요. 이전까지 백제는 왕위를 놓고 여러 세력이 다툼을 벌여 왔지만 이제는 근초고왕의 자손만이 왕위를 이어받게 되었지요.

　근초고왕은 힘을 얻기 위해 귀족과 손을 잡는 한편, 왕이 된 후에는 지방에 관리를 파견해 귀족의 힘을 눌렀지요. 이렇게 해서 근초고왕은 강력한 왕권을 손에 넣고 나라를 안정시켰어요. 그러고 나서야 영토를 넓히는 것에 관심을 두기 시작했지요.

　'백제는 북쪽으로는 고구려, 남쪽으로는 신라, 가야와 경계를 맞대고 있다. 언젠가 이 나라들과 부딪치게 되겠지. 하지만 우리가 경계해야 할 강력한 적은 고구려뿐이다.'

　근초고왕은 고민 끝에 남쪽의 나라들과는 좋은 관계를 맺어 두기로 했지요. 근초고왕은 366년 신라

에 사신을 보냈어요. 또 368년에는 좋은 말 두 필을 선물로 보냈지요.

신라의 내물왕은 백제의 사신을 정중하게 맞아들였어요. 신라보다 우수한 문물을 빨리 접하고, 발전도 빠른 백제가 자신들을 공격하지 않고 가까이 지내자 청하는 것이 반갑기까지 했지요.

"왜국과 가까이 지내면 무역을 하거나 전쟁이 났을 때 도움을 받을 수 있을 것이다."

근초고왕은 366년 왜국에도 사신을 보냈어요. 하지만 사신은 바닷길을 제대로 찾지 못해 되돌아왔지요. 이 소식을 들은 왜국에서 368년에 백제로 사신을 보내왔어요. 근초고왕은 크게 기뻐하며 그들을 후하게 대접했지요.

하지만 근초고왕이 남쪽에 있는 나라 모두와 친하게 지낸 것은 아니에요. 그는 왕이 된 지 얼마 지나지 않아 마한을 정복해, 오늘날의 전라남도 지역까지 영토를 넓혔어요. 또 좋은 관계로 지내던 왜국의 도움을 받아 가야의 땅도 빼앗지요. 훗날 근초고왕은 가야 정복에 도움을 준 왜국에 고마움을 표시하기 위해 귀한 선물을 보내는데, 그것이 바로 그 유명한 칠지도랍니다.

백제와 고구려 드디어 맞붙다

백제의 힘이 점점 커지자, 고구려는 위협을 느꼈어요. 그래서 369년 고국원왕이 군사 2만 명을 이끌고 백제를 침략했지요.

"폐하! 고구려가 치양성(오늘날 황해도 배천)까지 진격해 왔사옵니다."

"치양성은 서해 바닷길을 이용하기 위해 반드시 필요한 곳이라 절대 빼앗겨서는 안 되오. 책임이 막중한 일이니 고구려군을 막는 일은 태자에게 맡기시오."

근초고왕은 태자에게 날쌔고 용맹한 군사를 주어 치양성으로 보냈어요. 태자 '수'(훗날 근구수왕)가 도착해서 고구려군을 살펴보니, 백제군보다 병사 수가 많고 무기도 좋아 보였어요. 고구려군을 꺾기란 쉽지 않아 보였지요. 그때, 사기라는 사람이 태자를 찾아왔어요.

사기는 원래 백제 궁궐에서 말을 돌보다가, 왕이 타던 말의 발굽을 망가뜨려 고구려로 도망친 사람이었어요. 고구려가 백제를 공격한다고 하자, 그는 백제를 구해야 한다는 생각에 돌아왔지요. 어렵사리 태자와 만난 사기는 고구려군의 비밀을 알려 주었어요.

"태자님, 고구려 군사들의 숫자는 많지만 쓸 만한 장수와 군사들은 붉은 깃발 아래 모인 자들뿐이고, 나머지는 급히 모은 오합지졸[*]입니다. 그들을 해치운다면, 나머지는 스스로 무너질 것이옵니다."

태자는 사기가 의심스러웠지만 눈물로 진심을 고하는 그를 믿기로 했어요. 기회를 보던 백제군은 고구려군이 방심하는 틈을 타, 기습 공격을 시작했어요. 사기의 말대로 붉은 깃발 아래에 있는 군사들만 집중해 공격했지요.

★ **오합지졸** 까마귀가 모인 것처럼 질서 없는 군졸. 임시로 모인 규율 없는 군대를 뜻함

그러자 고구려군은 삽시간에 흩어지고 말았어요. 태자는 무려 5천 명의 고구려군을 사로잡으며 승리를 거두었어요.
"장하다. 과연 태자답구나!"
근초고왕은 크게 기뻐하며 직접 한강 남쪽까지 배웅 나가 군사들을 맞이했어요. 백제군은 자신들을 맞이하는 근초고왕을 향해 우렁찬 함성을 질렀지요. 백제군의 상징인 황색 깃발이 눈부시게 빛나며 펄럭였어요.

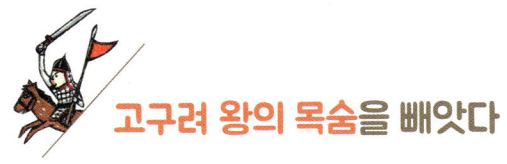
고구려 왕의 목숨을 빼앗다

"무어라? 고구려가 또 쳐들어왔다고?"

371년 고구려가 또 백제를 공격해 오자, 이번에는 근초고왕이 직접 군사를 이끌고 나섰어요.

"고구려군이 움직이는 방향을 보니, 패강(오늘날 예성강)을 지날 것이 분명하다. 패강에서 숨어 기다리다, 고구려군이 강을 건널 때 기습할 것이다."

근초고왕의 예상은 맞아떨어졌어요. 얼마 뒤 고구려군이 패강을 건너려 했지요.

"지금이다! 공격하라!"

근초고왕의 우렁찬 외침에 숨어 있던 백제군이 쏟아져 나왔어요. 갑작스런 공격에 당황한 고구려군은 또다시 패하고 말았지요. 손쉬운 승리를 거뒀지만 근초고왕은 화가 났어요.

"이제 더 이상 고구려의 침략을 두고 볼 수만은 없다. 다시는 백제를 넘볼 수 없도록, 우리의 힘을 보여 줄 것이다."

근초고왕은 용맹하기로 손꼽히는 군사들을 데리고, 고구려의 평양성을 공격했어요. 고구려가 중국과 전쟁을 치르느라 백제와의 전쟁에 집중할 수 없어 침략하기 좋은 때이기도 했지요.

여기저기서 창칼을 휘두르는 소리가 울려 퍼지고 수많은 화살들이 빗발쳤지요. 그러던 중 화살 하나가 고구려의 고국원왕을 향해 날아갔어요.

"고국원왕이 화살에 맞았다!"

왕이 화살에 맞아 혼란스러운 와중에도 고구려는 끝까지 싸웠어요.

"고구려 군사와 백성들이 죽음을 각오하고 싸우고 있구나. 평양성을 함락시키기는 어려울 것 같다. 고국원왕은 얼마 가지 않아 곧 죽을 것 같으니, 이만 돌아가도록 하자. 내가 살아 있는 한, 고구려는 다시는 백제를 넘보지 못할 것이다."

근초고왕은 끝내 평양성을 빼앗지 못했지만, 고국원왕의 목숨을 빼앗고 백제로 돌아왔어요. 그리고 고구려는 근초고왕이 세상을 떠날 때까지 백제를 공격하지 못했지요.

바다로 바다로

고구려와의 전쟁에서 연달아 승리하며 영토를 넓힌 근초고왕은 바다 건너 다른 나라에 눈을 돌렸어요. 서해 바다를 끼고 있는 지리적 이점을 한껏 활용했지요.

근초고왕은 아직기라는 학자를 왜국으로 보냈어요. 이때 왜국은 나라의 기틀을 만들어 가던 중이라, 백제의 우수한 문화와 제도 등을 배우고 싶어 했지요. 왜국의 임금은 물론 백성들까지 아직기를 환영하며 태자의 스승으로 삼았어요. 훗날 아직기는

왜국의 왕에게 백제의 박사*인 왕인을 추천했어요. 왕인이 〈논어〉와 〈천자문〉을 가지고 온 덕분에 왜국에도 당시의 선진 학문인 유학이 전파되었답니다.

　백제는 새로운 문물을 받아들이고 발전시키는 일에 계속해서 힘을 쏟았어요. 372년에는 동진과 사신을 주고받았지요.

　백제는 중국의 문물을 수입하고, 소금·비단·곡식·인삼 등을 수출하였어요. 중국으로부터 들여온 물건들은 백제에서만 사용하는 것이 아니라, 신라와 가야, 왜국 등에 되팔아 이익을 남겼지요. 이 같은 중계 무역을 통해 여러 나라와 교류하며 백

*박사 교육을 맡아보던 백제의 관직. 각 학문과 기술에 뛰어난 사람들에게 벼슬을 주어 교육을 맡김

제의 문화는 한층 수준이 높아졌어요.

375년 근초고왕은 박사 고흥에게 역사서를 만들라고 명령했어요. 백제의 영광을 길이길이 남기고 싶었기 때문이에요. 이때 쓰인 백제의 역사서는 〈서기〉라고 하는데, 안타깝게도 오늘날까지 전해지지 않는답니다.

같은 해 11월, 근초고왕이 자리에 몸져누웠어요. 그는 자신이 살날이 얼마 남지 않았음을 예감하고 태자를 불러 말했어요.

"아들아, 다른 나라들이 백제를 함부로 넘보지 못하도록 계속해서 군사력을 길러야 할 것이다. 바닷길을 이용한 무역 또한 더욱 발전시켜 주길 바란다."

근초고왕은 조용히 눈을 감았어요. 뛰어난 전술과 용맹함으로 영토를 넓히고, 무역을 통해 나라를 부강하게 만든 백제의 영웅이 세상을 떠났지요. 하지만 세상을 호령했던 근초고왕의 기상은 지금까지 남아 전해지고 있답니다.

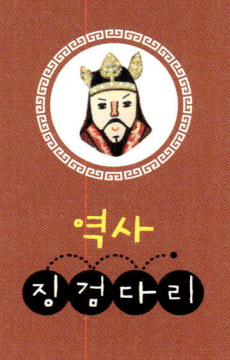

역사 징검다리

백제, 무엇이든 물어보세요

Q. 백제를 '잃어버린 왕국'이라고 부르는 이유는 뭔가요?

A. 역사학자들은 백제를 '잃어버린 왕국'이라고 불러요. 백제에 대한 역사 기록이 많지 않기 때문이지요. 백제의 전성기를 이끈 근초고왕도 마찬가지예요. 346년 왕위에 오른 뒤, 20여 년 동안의 기록이 거의 없지요.

하지만 다행히도 중국이나 일본의 역사서에서 백제의 흔적을 찾아볼 수 있어요. 백제가 활발하게 문화를 교류했기 때문이지요. 물론 각자 자기 나라 입장에서 기록한 것이라 논란의 여지가 있기는 해요. 하지만 이 자료를 바탕으로 꾸준한 연구와 발굴을 하다 보면, 백제의 역사를 되찾을 수 있겠지요?

Q. 칠지도는 어떤 칼인가요?

A. 칠지도는 근초고왕이 왜국의 왕에게 하사한 칼이에요.

칠지도라는 이름이 붙은 이유는 칼의 모양 때문이에요. 칼의 가지가 일곱 갈래로 뻗어 있거든요.

칠지도에는 앞뒤로 60여 개의 글자가 새겨져 있어요. 앞면에는 '100번을 담금질한 철로 칠지도를 만들었다. 나쁜 것(적병)을 물리칠 수 있으니 후왕에게 전한다.'라는 내용이 담겨 있지요. 후왕이란 작은 나라의 왕을 뜻하는 말이지요. 뒷면에는 '예부터 이와 같은 칼은 없었다. 왜국의 왕은 이를 후손에게 전하라.'라고 새겨져 있지요.

그런데 칠지도에 새겨진 글자 가운데 몇 개는 알아볼 수가 없어요. 그래서 일본은 우리와 다르게 해석하기도 하지요. 백제가 칠지도를 하사한 것이 아니라, 바친 것이라고 말이에요.

일본 VS 한국

백제가 칠지도를 일본에 바쳤어요.

무슨 소리! 백제가 칠지도를 일본에 하사했어요.

백제 일보

떠나요! 백제 문화 탐방

잃어버린 왕국의 유산을 찾는 여행

일찍부터 중국과 교류하며 발전시켜 온 백제의 문화는
예술적이고 섬세하며, 온화한 느낌을 주는 것이 특징이에요.
백제의 정취가 남은 유물을 살펴보며, 잃어버린 왕국의 흔적을 찾아 떠나요!

무령왕릉

충청남도 공주에 있는 백제 제25대 무령왕과 왕비의 무덤으로, 1971년에 발견됐지요. 무령왕릉에서는 2,900여 점의 유물이 쏟아져 나와, 백제의 문화를 이해하는 데 큰 도움을 주었답니다. 무령왕릉의 내부는 벽돌로 촘촘하게 쌓아 만들었어요. 이는 당시 중국에서 유행하던 무덤 양식이지요. 또 무령왕과 왕비의 관은 일본에서만 자라는 소나무로 만든 것이었다고 해요. 백제가 당시에 얼마나 활발한 문화 교류를 했는지, 얼마나 수준 높은 문화를 가지고 있었는지 알 수 있어요.

▲ 무령왕릉 외부/내부

특집 기사

정림사지 5층 석탑

충청남도 부여에 있는 정림사지 5층 석탑은 국보 제9호로, 국보 제11호인 익산 미륵사지 석탑과 함께 백제를 대표하는 문화재예요. 정림사는 백제의 수도 사비성 한가운데 있던 절이었지요. 백제 후기에 만들어진 정림사지 5층 석탑은 전체적으로 안정감 있고, 세련된 느낌을 준답니다. 워낙 창의적이고 아름다운 형태라 후에 모방한 작품이 많이 나왔어요.

▶ 정림사지 5층 석탑

마애 여래 삼존상

충청남도 서산에 있는 마애 여래 삼존상은 국보 제84호예요. 일명 백제의 미소라고도 하는, 부처의 온화한 미소로 유명해요. 해가 비치는 방향에 따라 미소의 느낌이 다르게 표현된다고 알려져 있지요.

◀ 마애 여래 삼존상

계백 연표

- 시대사
- 인물사

641년
의자왕, 백제의 왕이 되다

642년
의자왕이 신라를 공격해 40개 성을 빼앗고
신라의 요충지 대야성을 함락시키다

655년
의자왕, 태자궁을 사치스럽게
수리하다

656년
백제의 충신 성충,
옥에서 죽다

657년
의자왕, 아들 마흔 명에게
높은 벼슬과 땅을 나눠 주다

660년
계백이 황산벌 전투에서 지고
5천 결사대가 최후를 맞다

660년
계백이 죽은 후, 웅진성으로 피했던
의자왕이 나·당 연합군에 항복하며
백제가 멸망하다

4 계백:
"무너지는 백제의 마지막 충신"

백제의 멸망을 앞두고, 5천의 결사대로 5만의 군사와 맞선 계백. 어쩔 수 없는 역사의 흐름 앞에 전투에 지고 목숨을 잃었지만 백제 최후의 충신으로 역사에 이름을 남겼지요. 계백의 이야기를 통해 백제의 멸망을 들여다보아요.

위기에 빠진 백제

의자왕은 백제 무왕의 아들로, 어릴 때부터 효심이 깊고 마음이 착했어요. 그래서 해동증자*라 불렸지요. 의자왕은 641년 백제의 31대 왕이 되었어요. 왕위에 오른 그는 거들먹거리던 귀족들을 쫓아내고, 인재를 벼슬에 앉혔어요. 또 억울하게 갇힌 죄인을 찾아내 풀어 주는 등 나라를 안정시켰지요.

이때 백제는 신라와 크고 작은 전투를 계속하고 있었어요. 신라에 배신당해 전투에서 목숨을 잃은 26대 성왕의 복수를

✦ **해동증자** 동쪽의 '증자'라는 뜻. 증자는 중국의 유명한 유학자로, '효'를 특히 강조했다고 함

위해 칼을 갈았지요. 어느 날 충직한 신하 성충이 의자왕에게 말했어요.

"폐하, 돌아가신 무왕께서 가잠성(오늘날 경상남도 거창)을 함락시키셨던 것을 기억하십니까? 머잖아 신라가 가잠성을 되찾기 위해 움직일 거라 생각되옵니다."

"그럼 가잠성을 지키는 데 힘을 써야겠군."

"아니옵니다. 그곳은 계백 장군이 지키고 있는 곳이니 안심하셔도 됩니다. 우리는 오히려 이 공격을 기회 삼아 신라의 땅을 더 빼앗을 수 있을 것입니다."

1년 뒤 성충의 예상대로 신라가 가잠성을 공격했어요. 한창 전투가 벌어지고 있을 때, 성충이 의자왕에게 말했어요.

　"폐하, 가잠성에 지원군을 보내는 척하시옵소서. 신라군의 핵심인 김유신이 가잠성에 정신이 팔린 사이, 우리는 신라의 대야성(오늘날 경상남도 합천)을 공격하는 것입니다. 소리 없이 기습한다면 분명 우리가 승리할 것입니다."

　"그대의 작전이 참으로 훌륭하오. 계백 장군이 김유신을 막아 주기만 한다면, 대야성은 우리의 것이 되겠구려!"

　백제는 손쉽게 대야성을 함락시켰어요.

　또한 거기서 멈추지 않고 대야성을 포함해 신라의 성 40여 개를 빼앗으며 승승장구했어요. 뒤이어 백제는 고구려와 손을 잡고 신라의 성을 30여 개나 더 빼앗았지요.

　그런데 어느 순간 의자왕이 달라졌어요. 나라를 제대로 돌보지 않고, 술과 놀이에만 빠져 지냈지요. 의자왕 주위에는 곧 간신들만 그득해졌어요.

　"폐하, 제발 술과 잔치를 삼가고 나랏일을 살펴 주옵소서. 신라가 공격해 오기 전에 국경 수비를 강화해야 하옵니다."

　"시끄럽소. 신라군은 우리의 상대가 안 되오."

　의자왕은 사사건건 참견하고 말리는 성충을 감옥에 가두었

어요. 성충은 감옥에서 죽었지만 마지막까지 상소를 올렸답니다. 조만간 전쟁이 일어날 것이며, 육지로 공격해 오는 신라는 탄현(오늘날 대전)에서 막고, 바다로 공격해 올 당나라는 기벌포(오늘날 금강)에서 막아야 한다는 내용이었지요.

한편 성충의 소식을 들은 계백은 큰 슬픔에 잠겼어요.

'성충 같은 충신을 죽게 하고 충직한 흥수도 귀양을 보내시다니……. 참으로 큰일이다.'

계백은 백제의 미래를 걱정했어요. 하지만 무장인 자신이 의자왕을 설득할 수 없음을 알았기에 그저 묵묵히 자리를 지켰지요.

신라의 태종 무열왕(김춘추)은 660년, 성충의 예상대로 당나라와 힘을 합쳐 백제를 침략했어요. 신라의 김유신이 5만, 당나라의 소정방이 13만의 군사를 이끌고 백제로 향했어요.

다급해진 의자왕은 귀양 보낸 흥수에게 사람을 보내 나라를 지킬 방법을 물었어요. 흥수를 미워하며 귀양 보냈지만, 그의 현명한 판단력과 전략이 필요했기 때문이에요. 흥수는 죽은 성충과 같은 의견을 내놓았어요.

그런데 다른 신하들이 흥수의 의견에 반대했어요. 흥수가 자신을 귀양 보낸 의자왕에게 원망을 품고 잘못된 전략을 알

려 주었다고 하면서 말이에요. 자신의 아들들에게 높은 벼슬을 다 나눠 주고, 충신을 모두 쫓아 버린 의자왕의 곁에는 바른말을 해 줄 사람이 남아 있지 않았어요.

 의자왕은 이러지도 저러지도 못하고 시간만 보냈어요. 그러는 사이, 신라군과 당나라군은 탄현과 기벌포를 무너뜨리고 수도인 사비성 근처까지 밀고 들어왔어요. 다급해진 의자왕은 서둘러 계백을 불렀어요. 왕 앞에 선 계백은 예전의 위풍당당했던 모습이 사라지고 초라함과 다급함만 남은 의자왕의 모습에 크게 놀랐어요.

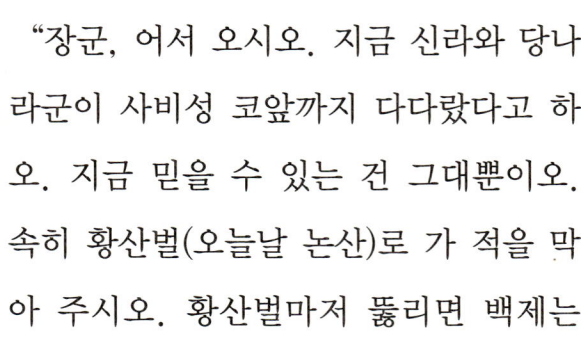

"장군, 어서 오시오. 지금 신라와 당나라군이 사비성 코앞까지 다다랐다고 하오. 지금 믿을 수 있는 건 그대뿐이오. 속히 황산벌(오늘날 논산)로 가 적을 막아 주시오. 황산벌마저 뚫리면 백제는 정말 끝이오."

"예, 폐하. 목숨을 걸고 싸우겠사옵니다."

의자왕의 명령을 받은 계백은 말을 타고 집으로 향했어요. 집으로 향하는 그의 얼굴이 어두웠지요. 집 앞에 도착한 그는 이내 결심한 듯 단호한 표정을 지었어요. 계백은 아내와 자식들을 불러 말했지요.

"나는 이제 황산벌로 떠나 적과 싸울 것이오. 백제의 운명이 이 전투에

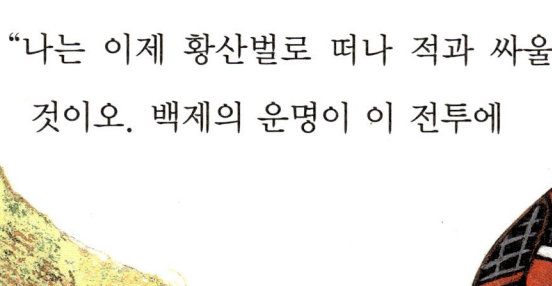

달려 있소. 백제의 운명이 어찌 될지는 하늘만이 알고 있을 테지만, 만에 하나 내가 패한다면 나의 가족은 크나큰 치욕을 당하게 될 것이오. 치욕을 당하느니, 내 손에 죽는 것이 낫다고 생각하오."

사실 그는 황산벌 싸움에서 백제가 패할 것을 예감했어요. 자신이 가진 5천의 군사로 5만의 신라군을 이길 수 없다는 것을 알았기 때문이에요. 계백은 자신의 손으로 가족의 목숨을 거둔 뒤, 자신을 기다리

는 군사들에게로 갔어요.

"백제의 군사들이여! 이제 백제의 운명이 우리의 손에 달려 있다. 옛날 중국에 살았던 구천이라는 자는 5천 명의 군사로 70만 명의 적을 물리쳤다. 우리 또한 죽기를 각오하고 싸운다면 이길 수 있다. 죽음을 두려워하지 마라. 백제군으로서 명예롭게 싸워라!"

계백의 말에 군사들이 힘찬 함성을 질렀어요. 백제군의 사기는 하늘을 찌를 듯이 높았지요.

황산벌에서 맞붙은 계백과 김유신

계백이 이끄는 백제군이 황산벌에 다다랐어요.

"신라군이 황산벌을 지나지 못하도록 높은 울타리를 세워라. 울타리를 세운 뒤, 그 안에서 신라군을 기다린다!"

얼마 뒤, 너른 벌판에 김유신이 이끄는 신라군이 모여들었어요. 두 나라의 깃발이 휘날리고, 북소리가 울려 퍼졌어요.

"죽을 각오로 신라군과 맞서라!"

여기저기서 화살이 비 오듯 날아들었어요. 두 나라의 군사들은 용맹하게 싸웠어요.

신라군은 성난 파도처럼 밀려들었어요. 하지만 백제군 역시 죽음을 각오하고 신라군을 막았지요. 모두 네 차례의 전투가 벌어졌고, 백제가 모두 승리했지요.

신라군의 사기는 바닥으로 떨어졌어요. 김유신은 큰 고민에 빠졌어요.

"5천 명밖에 안 되는 백제군을 상대로 계속 지다니! 7월 10일까지 당나라 군대와 무슨 수로 만난단 말인가!"

이때 김흠순 장군이 말했어요.

"계백은 제 손으로 가족을 죽이고 왔다고 하옵니다. 백제군을 이기려면 우리도 희생을 통해 사기를 올려야 하옵니다."

그러고는 아들 반굴을 불러, 나라를 위해 목숨을 바쳐 신라군의 모범이 되라고 명령했어요. 열여섯 살의 화랑 반굴은 아버지의 뜻을 받아들였고, 홀로 말을 타고 백제군으로 뛰어 들어갔지요.

"나는 신라의 화랑 반굴이다. 계백의 목숨을 가지러 왔다!"

반굴은 무서운 기세로 백제군에 달려들었지만, 이내 붙잡혀 목숨을 잃었어요. 하지만 신라군의 사기는 좀처럼 오르지 않았어요. 어린 화랑의 죽음은 병사들의 착잡한 마음만 더할 뿐이었지요.

그다음 날, 김품일 장군이 아들 관창을 불렀어요. 그 역시 고작 열여섯 살이었어요.

"너는 신라의 화랑이다. 반굴의 죽음을 헛되이 할 생각은 아니겠지? 너도 반굴처럼, 나라를 위해 목숨을 바치거라."

관창 또한 홀로 백제군을 향해 말을 타고 달려갔어요.

"나는 신라의 화랑 관창이다. 계백은 나의 칼을 받아라!"

하지만 얼마 안 되어 백제군에게 사로잡히고 말았지요. 전날에도 홀로 백제군에게 달려든 신라군이 있었던 터라, 계백은 홀로 적진에 뛰어드는 자가 누구인지 궁금했어요. 그래서 바로 죽이지 않고, 잡아 오라고 명령했지요. 붙잡혀 온 관창

의 얼굴을 본 계백은 깜짝 놀랐어요.

"네 나이가 몇이냐? 너는 아직 아이가 아니더냐? 너의 용기를 갸륵히 여겨 목숨을 살려 주겠다. 다시는 전쟁터에 나오지 말거라."

계백은 관창을 말에 묶어 신라군으로 돌려보냈어요. 하지만 관창은 목만 축이고 다시 백제군을 향해 달려왔지요. 계백 앞에 붙잡혀 온 그는 소리쳤어요.

"신라의 화랑에게 패배란 곧 죽음이다. 더 이상 나를 욕보이지 말고 어서 죽여라!"

계백은 소년을 살려 주고 싶었지만 어쩔 도리가 없었어요. 이 이상 시간을 끌면 백제군의 사기가 떨어질까 두려웠지요.

"죽는 것이 소원이라면 그렇게 해 주겠다. 여봐라, 저자의 목을 베어라."

계백은 하는 수 없이 관창의 목숨을 거두며 한탄했어요.

'우리는 신라를 이길 수 없겠구나. 어린아이마저 기꺼이 나라에 목숨을 바치거늘, 어른이야 말할 것이 있겠는가!'

계백은 관창의 목을 잘라 그가 타고 온 말의 안장에 묶어 되돌려 보냈어요. 신라군은 관창의 말이 터벅터벅 걸어 돌아오는 것을 지켜보았지요.

말 안장에 매달린 관창의 머리를 보자 신라군의 눈빛이 변했어요. 어린 화랑이 두 명이나 목숨을 버리는 것을 보자 백제군에 대한 복수심이 타오르기 시작했지요. 김유신은 이를 놓치지 않고 병사들에게 외쳤어요.

"보았느냐! 어린 반굴과 관창이 홀로 적과 싸우다 세상을 떠났다. 너희들은 언제까지 백제군을 두려워만 할 것이냐? 신라군이여, 백제를 물리치러 가자!"

그 말을 들은 신라군은 새로운 각오로 백제군을 향해 달려 나갔어요. 울타리 위에서 이를 내려다보던 계백이 소리쳤지요.

"신라군이 다시 몰려온다. 백제군이여, 절대로 물러서지 마라. 용감하게 싸우다 이곳에서 함께 잠들자!"

백제군과 신라군은 다시 한번 목숨을 걸고 팽팽하게 맞섰어요. 그러나 시간이 지날수록 백제군이 밀리기 시작했지요.

백제의 군사들은 여기저기에서 비명을 지르며 죽어 갔어요. 계백은 쓰러지는 백제 군사들을 보며 눈물을 흘렸어요.

'폐하, 백제를 지키기 위해 쓰러져 가는 군사들이 보이시옵니까? 황산벌을 적에게 내주지 말라는 명을 지키지 못해 죄송하옵니다.'

 너른 황산벌 들판이 피로 붉게 물들었어요. 이날 계백과 5천의 군사들은 대부분 목숨을 잃었지요.

 이렇게 마지막까지 백제를 지키려 한 계백이 세상을 떠난 뒤, 신라와 당나라 군대가 만났어요. 힘을 합한 나당 연합군은 사비성으로 밀려들어 왔지요.

 의자왕은 급히 웅진성으로 몸을 피했지만, 끝내 나당 연합

군에 무릎을 꿇고 말았어요. 이렇게 백제는 역사 속으로 사라지고 말았답니다.

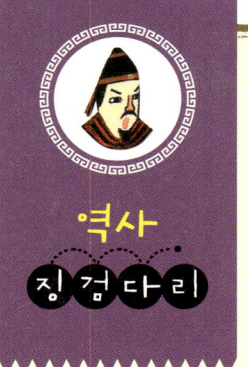

역사 징검다리

의자왕은 정말 나쁜 왕이었나요?

많은 사람들이 의자왕 하면 삼천 궁녀와 백제의 멸망을 떠올려요. 하지만 그는 어려서부터 효성이 지극하기로 유명했고, 신라와의 전투에서 여러 번 승리를 거둔 능력 있는 왕이었어요.

그런데 어떻게 된 일인지, 나라가 안정됨에 따라 사치스럽고 방탕해져서 나랏일을 돌보지 않았다고 해요. 호화로운 건물을 짓고 술과 미녀에 빠져서 충신들을 모두 귀양 보내고, 궁녀를 삼천 명이나 거느렸다는 이야기가 전해지지요.

하지만 이 기록을 모두 믿을 수는 없어요. 의자왕에 대한 기록을 남긴 사람은 신라 출신 귀족인 김부식이었으니까요. 신라가 당나라와 손잡고 삼국을 통일한 것을 정당화하기 위해서 의자왕의 이야기를 과장되게 썼을 가능성이 커요.

Tip 낙화암

의자왕을 모시던 궁녀들은 사비성이 함락되자 이 절벽에서 몸을 던져 스스로 목숨을 끊었어요. 뛰어내리는 모습이 꽃잎이 날리는 것 같았다고 해서 낙화암(落떨어질 락 花꽃 화 巖바위 암)이라고 부르게 되었어요.

백제를 되살리려 한 유민들의 이야기

660년, 백제가 멸망하고 의자왕과 왕족들이 당나라로 끌려갔어요. 하지만 백제 유민들은 포기하지 않고 백제를 되살리려고 했지요.

왕족인 복신과 승려 도침은 주류성(오늘날 충남 서천)에서 백제 부흥 운동을 펼쳤어요. 그들은 왜국에 가 있던 의자왕의 아들 부여풍을 불러와 왕위에 올리고, 백제의 부활을 선언했지요. 한편, 임존성(오늘날 충남 예산)에서는 흑치상지와 지수신이라는 젊은 장수들이 유민들을 모아 군대를 만들고 당나라와 싸웠어요.

그러자 위기를 느낀 당나라와 신라는 힘을 합쳐 백제 부흥군을 공격하기 시작했지요. 부여풍 일행도 흑치상지의 군대와 합류해 대응했지만 오래가지 못했답니다. 복신이 도침과 권력을 다투다 도침을 죽이는 일이 벌어졌기 때문이에요.

부여풍은 663년 고구려로 도망쳤고, 흑치상지는 당나라에 항복해 당나라의 장수가 되었어요. 지수신이 지키던 임존성마저 함락되자 4년에 걸친 백제 부흥 운동이 막을 내렸어요.

가족의 목숨을 거두고 전쟁터로 떠난 계백, 어떻게 생각하나요?

나쁘지 않다!

계백은 이 전쟁에서 백제가 승리하지 못하리라는 것을 잘 알고 있었어요. 5천 명의 군사로 5만 명의 군사를 어떻게 이길 수 있겠어요.

자신이 전쟁터에서 목숨을 잃고 나면, 남은 가족들이 어떤 수모를 당할지 걱정도 되었겠죠. 그래서 차라리 자기 손으로 목숨을 거둔 거예요. 아마 가족들도 이런 계백의 선택을 이해했을 거예요.

나쁘다!

계백의 가족 중에는 죽는 것보다 나·당 연합군에게 수모를 당하는 게 낫다고 생각한 사람이 있지 않았을까요?

누구나 자신의 삶을 결정하고 선택할 권리가 있어요. 그런데 계백은 자신의 가족들에게서 이런 권리를 빼앗았지요. 계백의 이 선택은 잘못된 거라고 생각해요.

> **Tip 계백을 보는 역사적 관점**
>
> 계백이 백제의 마지막 충신이라는 데는 아무도 반대하지 않지만, 황산벌로 가기 전에 가족을 모두 죽인 것에 대해서는 의견이 엇갈려요.
> 조선 전기의 유학자 권근은 "도리에서 크게 벗어나는 일이다. 가족을 죽이고 나온 것은 싸워 이길 방법이 없다는 생각의 표현이다. 이것이 패배를 불렀다."라고 평했어요.
> 한편, 조선 후기의 유학자 안정복은 "자신의 처자식조차 잊고 싸움에 임하겠다는 굳은 다짐을 보여 준 것이다. 장수가 두려움을 잊어야 병사들도 죽을 각오로 싸울 것이다."라고 말했어요.

신기한 이야기 1

백제의 멸망을 예고한 사건들

〈삼국사기〉에는 백제가 멸망하기 전 이상한 일들이 여럿 일어났다고 기록되어 있어요. 이런 기록이 남을 만큼 나라가 어지러웠다는 것을 추측해 볼 수 있지요.

이차돈 연표

- 시대사
- 인물사

372년
고구려 소수림왕,
불교를 받아들이다

384년
백제 침류왕, 불교를 받아들이다

눌지왕 때 신라에 불교가 전해지다
(삼국사기 기준)

502년(또는 506년)
이차돈이 태어나다

514년
법흥왕이 신라의 왕이 되다

이차돈, 몰래 불교를 공부하며
믿음을 키우다

527년
순교를 결심하고
법흥왕과 모의하다

527~528년
법흥왕이 자추사(오늘날 백률사)를
지어 이차돈의 혼을 위로하다

527년
이차돈의 순교로 불교가 신라의
공식 종교로 인정받다

817~818년
헌덕왕이 자추사에
이차돈 순교비를 세우다

5 이차돈 :
"불교를 위해 목숨을 버린 순교자"

불교를 받아들여 백성들의 마음을 하나로 모은 나라가 강대국으로 성장할 수 있었던 삼국 시대. 신라가 불교를 받아들일 수 있도록 스스로 목숨을 바친 이차돈의 이야기를 만나 보아요.

중앙 집권 국가를 꿈꾼 지증왕과 법흥왕

500년, 22대 지증왕이 왕위에 오르자, 신라는 여러모로 변화를 맞이했어요. 순장✝ 제도를 없애고, 나라 이름을 서라벌에서 신라로 바꾸었지요. 신라는 '덕업을 날로 새롭게 하여 사방을 모두 덮는다.'는 뜻이랍니다. 왕이라는 호칭을 처음 사용한 것도 지증왕이에요.

그뿐만 아니라 군사력을 강하게 하고, 소를 이용해 농사를 짓게 하는 등 나라를 안팎으로 강하게 만들기 위해 노력했어요. 그 결과 신라는 점차 중앙 집권 국가의

✦ **순장** 신분이 높은 사람의 장례를 치를 때 저세상에서 시중들 사람들을 함께 묻는 풍습

모습을 갖추게 되었지요.

"내 너에게 더욱 강한 모습의 신라를 물려주고 싶었는데, 그러질 못하게 됐구나. 비록 나는 세상을 떠나지만, 신라를 꼭 강한 나라로 만들어 다오."

지증왕은 왕위에 오른 지 15년 만인 78세에 눈을 감았어요. 그 뒤를 이어 아들인 법흥왕이 왕위에 올랐지요.

법흥왕은 대범하게 나라를 바꾸어 나갔던 아버지 지증왕의 모습을 고스란히 물려받은 왕이었어요.

"나라의 군사 업무를 담당하는 관청 '병부'를 만드시오. 오직 왕을 위해 싸우고, 왕의 명령을 따르는 강한 군대여야 할 것이오."

곧이어 520년에는 율령✦을 반포✦했어요.

"고구려와 백제의 왕은 일찍이 율령을 반포해 나라의 질서를 바로잡았다. 아직 나라의 기틀이 제대로 잡히지 않은 우리 신라에도 율령이 반드시 필요하다!"

법흥왕이 반포한 율령에는 신하들의 관등✦과 관복을 정하는 내용도 들어 있었지요.

"이번에 왕께서 반포하신 율령에 대해 들었는가? 귀족들의 신분을 17관등으로 나눈다는 소식 말일세."

✦ **율령** 고대 국가의 법률. 나라를 다스리고 죄인을 벌주는 데 바탕이 되는 기준을 정한 것
✦ **반포** 세상에 널리 퍼뜨려 모두 알게 함
✦ **관등** 관리나 벼슬의 등급

"들었네. 관등에 따라서 관직을 주고, 관복까지 색깔이 정해져 있다는군."

 법흥왕은 옷차림에서부터 신분의 차등을 정확하게 나타내게 했어요. 그뿐만 아니라 신분에 따라서 모자나 신발의 재질, 일상생활에 쓰는 그릇까지 차별을 두었어요. 왕을 중심으로 신라 사회가 움직이고 있다는 것을 보여 주면서 귀족의 힘을 약하게 만들기 위해서였지요.

법흥왕의 마음을 이해한 신하, 이차돈

병부를 만들고, 율령을 반포했지만 신라 귀족의 힘은 그리 약해지지 않았어요. 법흥왕의 고민은 커져 갔지요.

'슬프도다! 어찌하여 귀족들은 사사건건 나에게 맞서려 드는 것인가? 귀족들을 누르고, 왕권을 강화하지 않으면 신라를 더 이상 발전시킬 수 없을 텐데…….'

그러던 법흥왕은 불교에 눈을 돌리게 되었어요. 이때의 불교는 부처님과 왕이 같은 존재라고 생각했지요. 법흥왕은 무릎을 탁 쳤어요. 백성과 신하들이 부처님을 섬기듯이 왕을 섬긴다면 왕의 힘이 훨씬 강해질 거라는 생각을 한 것이에요. 하지만 이내 고개를 저었어요. 귀족들의 반대가 심했기 때문이에요.

"폐하, 옛날부터 우리 신라에는 고유한 믿음이 있사옵니다. 그런데 왜 다른 종교를 들이려고 하시옵니까?"

이때까지 신라에서는 하늘과 땅, 조상신을 섬기고 있었어요. 아주 옛날부터 이어져 온 것으로 한순간에 바꾸기 힘든 것이었지요. 법흥왕은 귀족들의 강한 반대를 꺾기 어렵다고 생각하며 깊은 고민에 빠졌어요.

그러나 유일하게 법흥왕의 마음을 알아주는 사람이 있었어요. 그는 바로 낮은 관직에 있던 이차돈이었지요.

"폐하, 불교를 신라의 국교로 삼으셔야 합니다. 고구려와 백제는 일찍이 불교를 받아들여 백성의 마음을 하나로 모았습니다. 그 결과 왕권도 강해지지 않았습니까? 우리도 서둘러야 합니다."

"누가 그것을 모르느냐? 하지만 귀족들이 반대하고 나설 게 뻔하다. 괜히 부딪혔다가 군사라도 일으키는 날엔, 신라는 망하게 될지도 모른다."

"폐하, 좋은 생각이 있사옵니다. 제가 폐하의 명령을 핑계로 신성한 천경림에 절을 짓겠사옵니다. 귀족들이 제 죄를 묻거든 그들이 보는 데서 제 목을 치소서. 그리한다면 신비한 일이 생겨날 텐데, 그를 본보기 삼아 밀어붙이시면 감히 뜻을 어기지 못할 것이옵니다."

법흥왕은 깜짝 놀라 이차돈을 말렸어요.

"아니, 그대의 뜻은 알겠으나 어찌 그대의 목숨을 빼앗을 수 있겠는가? 나는 불교를 국교로 삼고 싶은 것이지 죄 없는 사람을 죽이려는 것이 아니니라."

이차돈은 이미 결심을 굳힌 듯 단호한 목소리로 대답했어요.

"물론 세상에서 생명보다 귀한 것은 없사옵니다. 하오나, 나라를 위해서 몸을 희생하는 것이 신하의 절개요, 임금을 위해 목숨을 바치는 것은 백성의 의리라고 했사옵니다. 불교가 이 나라에 널리 퍼져, 폐하의 뜻을 펼칠 수만 있다면 제 목숨도 아깝지 않습니다."

밤이 늦도록 법흥왕은 잠을 이루지 못하였어요.

'스스로 죽음을 택한 이차돈의 마음이 참으로 고맙도다. 하지만 어찌 소중한 생명을 희생시킬 수가 있겠는가…….'

법흥왕은 며칠을 고민한 끝에 이차돈의 말을 받아들이기로 했지요. 법흥왕의 허락이 떨어지자마자 이차돈은 천경림에 절을 짓기 시작했어요.

많은 사람들이 이곳에 절을 지으면 안 된다고 말렸지만, 이차돈은 법흥왕의 허락을 받은 일이라며 큰소리를 쳤지요. 그리고 이 소식은 금세 귀족들에게까지 알려졌어요. 귀족들은 불같이 들고일어나 궁궐로 왔어요.

"폐하! 이차돈이 천경림에서 나무를 베어 절을 짓고 있사옵니다. 게다가 폐하의 허락을 받았다며 큰소리를 치고 있다고 하옵니다."

"천경림이 어떤 곳입니까? 그곳은 하늘 신에게 제사를 지내는 성스러운 숲이 아닙니까?"

"이러다 신께서 벌이라도 내리시면 신라는 큰 화를

입을 겁니다. 당장 이차돈을 잡아들여 벌을 내리소서."

귀족들은 제각기 소리 높여 말했어요.

"이게 다 무슨 소리인가? 나는 그런 명을 내린 적이 없느니라! 여봐라, 당장 그를 궁궐로 잡아들여라!"

법흥왕은 짐짓 크게 노한 척하며 명령을 내렸어요.

불교를 위해 목숨을 내놓다

이차돈이 법흥왕과 귀족들 앞에 끌려왔어요. 귀족들은 한사코 이차돈의 목을 치라고 말했어요.

"이차돈 네 이놈! 천경림에 절을 짓는 것도 큰 죄인데, 감히 폐하의 명령이라 거짓말까지 하다니!"

"폐하, 어서 이차돈의 목을 치십시오. 이 일은 반역이나 다름없습니다."

귀족들은 이차돈을 처형하라고 입을 모아 말했어요. 그러나 이차돈은 두려워하지 않았어요. 오히려 침착하고 당당하게 자신의 뜻을 밝혔지요.

"폐하, 이미 불교는 백성들의 삶 속에 깊숙이 들어와 있사옵니다. 어찌하여 그들의 믿음을 저버리려 하시옵니까? 불교를 향한 믿음은 창칼로 막을 수 없사옵니다. 부디 불교를 허락하시어, 백성들이 깨달음을 얻게 하시옵소서."

법흥왕은 이차돈의 말에 크게 감동했어요. 하지만 자신의 마음을 숨긴 채 단호하게 말했어요.

"천경림은 신성한 곳이다. 그곳에서 함부로 나무를 베고, 여러 귀족들이 반대하는 불교의 절을 지은 것은 큰 죄이니라. 게다가 내가 명령을 내린 것이라 거짓말까지 한 것은 더더욱 용서할 수 없다. 이차돈의 목을 베어 목숨으로 그 죗값을 치르게 하라."

법흥왕은 마음이 아팠지만 이차돈의 목을 베기로 했어요. 법흥왕의 명령이 떨어지자, 이차돈은 꽁꽁 묶여 사형장으로 끌려갔지요. 죽음을 앞둔 이차돈은 의연한 모습으로 귀족들

에게 말했어요.

"죽기 전에 한 말씀만 드리겠습니다. 제가 죽으면 반드시 신비롭고 놀라운 일이 일어날 것입니다. 그것은 하늘이 불교를 인정한다는 증거임을 잊지 말아 주십시오."

귀족들은 이차돈이 끝까지 헛소리를 한다며 화를 냈어요. 곧 처형을 맡은 관리가 나타났지요.

"둥둥둥…… 둥둥둥……."

북소리가 울려 퍼지고 관리가 칼을 휘두르며 춤을 추기 시작했어요. 이차돈은 무릎을 꿇고 마지막 소원을 빌었어요.

'부처님, 제 목숨을 거두시어 폐하께서 뜻을 이룰 수 있게 도와주십시오. 기적을 보여 주셔서 신라의 모든 백성들이 불교를 믿을 수 있게 살펴 주소서.'

이차돈은 두 눈을 감았어요. 그를 바라보는 법흥왕의 마음은 찢어지는 듯이 아팠어요. 귀족들은 숨을 죽이며 바라보았고, 많은 백성들이 이차돈을 가엾게 여겨 눈물을 흘렸지요. 어느덧 북소리가 멈추고, 칼이 허공을 갈랐어요. 이차돈의 목이 바닥으로 떨어졌어요.

그런데 그때였어요.

"아, 아니 저것 좀 보게! 이차돈의 목에서 하얀 피가 솟구쳐 오르고 있어!"

정말이었어요. 목을 벤 자리에서는 붉은색이 아닌 하얀 피가 솟아올랐어요. 그뿐만이 아니라 갑자기 하늘이 캄캄해지고 땅이 흔들렸지요.

"이게 어떻게 된 일이지?"

"하늘이 화가 나신 게 분명해!"

사람들은 일제히 하늘을 올려다보았어요. 하늘에서는 빗방울처럼 꽃잎이 나부끼며 떨어졌어요. 이상한 일들에 귀족들은 겁에 질려 바들바들 떨었어요.

'이럴 수가. 참으로 신비한 일이로다!'

그 모습을 지켜보던 법흥왕도 놀란 것은 마찬가지였어요. 그러나 이내 부처님의 뜻을 깨닫고 신하들 앞에 서서 근엄한 목소리로 말했어요.

"보아라! 이것이 이차돈이 목숨을 바쳐서 보여 준 부처님의 신비한 힘이다. 이래도 부처님의 뜻을 따르지 않겠는가? 아직도 불교를 반대할 자가 있다면 지금 당장 앞으로 나오거라!"

법흥왕의 말에 귀족들은 무릎을 꿇고 바닥에 엎드렸어요.

법흥왕과 이차돈이 바랐던 대로 불교는 신라의 국교가 되었고, 천경림에는 절을 짓게 되었어요. 법흥왕은 이차돈을 기리며 자추사(지금의 백률사)라는 절을 지었지요. 527년, 이차돈의 순교로 신라의 국교가 된 불교는 신라 발전의 밑거름이 되었답니다.

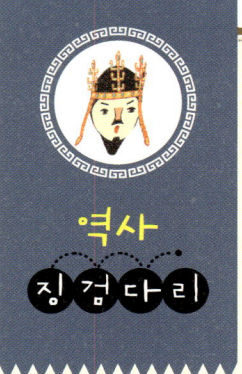

역사 징검다리

이차돈 순교비가 궁금해요

이차돈 순교비는 이차돈이 순교*하고 290년이 지난 뒤에 세워졌어요. 특이하게도 여섯 모가 있는 육각기둥형으로 만들어졌어요. 한 면에는 이차돈의 순교 장면이 새겨져 있고, 나머지 다섯 면에는 단정한 글씨체로 이차돈에 대한 이야기가 적혀 있지요. 하지만 글씨가 닳은 곳이 너무 많아서 모든 내용을 정확히 알아보기는 어렵답니다.

이차돈의 순교 장면은 꽤 정교하게 표현되어 있어요. 파도 모양으로 땅이 진동하고 있음을 표현했고, 관을 쓴 이차돈의 머리가 그 위에 떨어져 있어요. 잘린 목에서는 몇 줄기의 피가 솟아오르고, 주변에는 꽃잎이 날리는 모습이 새겨져 있지요.

처음에는 경주 '백률사'에 있었는데, 1914년에 박물관으로 옮겨서 보관하고 있어요. 원래는 지붕 모양의 돌이 기둥 위에 얹혀 있었을 것으로 보여요.

★순교 자신이 믿는 바를 지키기 위해 목숨을 바치는 일

▶ 이차돈 순교비
높이 : 1.04미터
너비 : 각 면 29센티미터
소장처 : 국립경주박물관

신라를 대표하는 불교 문화재

불국사

경상북도 경주시 토함산 기슭에 있어요. 그 독창성과 아름다움을 인정받아 1995년에 유네스코 세계 문화유산으로 지정되었어요. 석가모니불을 모신 대웅전으로 들어가는 길에는 청운교와 백운교가 있는데, 부처님이 계신 극락세계로 가는 길을 표현한 것이라고 해요. 그리고 그 앞마당에는 아름답기로 유명한 다보탑과 석가탑이 있어요.

❶ 다보탑
❷ 석가탑
❸ 청운교·백운교

석굴암

불국사와 함께 경상북도 경주시 토함산에 있는 우리나라의 대표적인 석굴 사원이에요. 석굴암 역시 1995년에 유네스코 세계 문화유산으로 지정되었어요. 신라 사람들의 돌 다루는 재주가 얼마나 대단한지, 석굴암의 아름다운 조각과 과학적인 설계는 현재의 기술로도 재현하기 어려울 정도라고 해요.

신기한 이야기 2

신라에 불교를 전해 준 묵호자 이야기

신라 눌지왕 때 큰 부자인 모례라는 사람이 있었어요. 어느 날, 어떤 사람이 모례를 찾아왔어요. 그는 조심스런 얼굴로 얼마간 신세를 질 수 있겠느냐고 물었지요.

"어디서 온 누구십니까?"

"저는 고구려에서 온 승려 묵호자라고 합니다."

묵호자는 불교를 전하기 위해서 신라에 왔다고 말했어요. 하지만 당시 신라에서는 불교를 금하고 있었기에 숨어 지낼 곳이 필요했던 것이지요. 모례는 친절을 베풀어 묵호자를 위해 집 안에 석굴을 파고 지내게 해 주었지요.

그러던 어느 날, 마을에 관리가 찾아왔어요. 양나라에서 온 사신이 '향'이라는 것을 가져왔는데 다룰 줄 아는 이가 아무도 없어서 용도를 아는 사람을 수소문하고 있었던 거예요. 이때 묵호자가 나섰지요.

"제가 향을 다룰 줄 압니다. 이것을 불에 태우며 온 정성을 다해 부처님께 소원을 빌면 효과가 있을 것입니다."

관리는 묵호자를 왕에게 데려갔어요. 묵호자의 이야기를 들은 눌지왕은 묵호자에게 기도를 통해 공주의 병도 고칠 수 있겠냐고 물었어요.

118 한국사를 이끈 리더

그때 공주님이 병에 걸렸는데 어떤 의원도 고치지 못하고 있었기 때문이에요. 눌지왕은 혹시나 하는 마음에 묵호자에게 향을 사르며 기도를 올리게 했어요. 묵호자는 먼저 몸을 깨끗이 한 뒤, 공주님이 누워 있는 방으로 가 향에 불을 붙였어요. 곧 향기로운 연기가 방 안을 가득 채웠지요. 묵호자는 정성스럽게 경전을 외우며 부처님께 기도를 올렸어요. 그러자 정말 신기하게도 공주의 병이 나았답니다.

묵호자는 이 일을 계기로 신라 왕실과 인연을 맺게 되었지요. 처음에는 왕실의 배려로 포교※ 활동을 벌일 수 있었어요. 하지만 눌지왕이 죽자 백성들과 귀족에게 목숨을 위협받는 몸이 되었어요. 귀족들은 물론 백성들도 낯선 종교에 거부감이 컸기 때문이에요. 그는 다시 모례의 집으로 돌아가 몸을 숨겼고, 이후에는 행방을 알 수 없게 되었지요.

※**포교** 종교를 널리 알리는 것

Tip 불교 전래의 기록

신라에 불교가 처음 들어온 것은 제19대 눌지왕 때라고도 하고, 제13대 미추왕 때라고도 해요. 〈삼국사기〉에는 눌지왕 때 고구려 승려 묵호자가 전했다고 하고, 〈삼국유사〉에는 미추왕 때 고구려 승려 아도가 전했다고 적혀 있지요. 아도와 묵호자가 같은 사람일 거라고 추측하는 역사학자들도 있어요.

진흥왕 연표

- 시대사
- 인물사

540년
법흥왕, 대를 이을 자식을 남기지 않고 죽다

534년
삼맥종(진흥왕), 태어나다

540년
법흥왕의 조카인 삼맥종(진흥왕)이 일곱 살의 나이로 왕이 되다

545년
거칠부에게 명령하여 신라의 역사책 〈국사〉를 편찬하다

551년
연호를 개국으로 바꾸고 활발한 정복 활동을 시작하다

553년
나제 동맹을 깨고 백제를 공격해 한강 하류 전체를 차지하다

554년
관산성에서 백제군을 물리치고 성왕을 사로잡아 죽이다

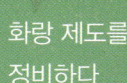
화랑 제도를 정비하다

576년
진흥왕, 세상을 떠나다

562년
대가야를 정복하여 가야 지역을 모두 차지하다

576년
둘째 아들 사륜(진지왕)이 왕위에 오르다

6 진흥왕 :
"삼국 통일의 기틀을 닦은 정복 군주"

활발한 정복 활동을 벌이며 연호를 제정하고, 100년 동안 유지되던 나제 동맹을 깨고 한강을 차지하는 등 과감한 정치를 펼친 진흥왕. 신라의 전성기를 이끌고 삼국 통일의 바탕을 닦은 다재다능한 리더를 만나 보세요.

어린 나이에 왕위에 오르다

540년, 법흥왕의 뒤를 이어 24대 진흥왕이 왕위에 올랐어요. 이때 그의 나이는 일곱 살로, 나라를 돌보기엔 너무 어렸기 때문에 실질적으로 나라를 다스린 건 그의 어머니였어요. 진흥왕의 어머니 지소부인은 진흥왕이 왕위에 오른 해에 죄수들을 사면*하고 관리들을 한 등급씩 승진시켜 주는 등, 백성들의 마음을 사로잡는 정책을 펼쳤지요.

시간이 흘러 551년, 진흥왕은 열여덟 살이 되어서야 스스로 나랏일을 보살피게 되었어요. 그해에 진흥왕은 개국(開^{열 개} 國^{나라 국})이란 연호를 새로 만들었어요. 신라를 새로운 나라로 만들겠다는 의지가 담긴 연호지요.

★**사면** 죄를 용서하여 형벌의 의무를 지지 않게 하는 것

'신라는 삼국 중에서 가장 힘이 약하다. 어찌하면 신라를 강한 나라로 만들 수 있을까?'

진흥왕은 신라를 강한 나라로 만들고 싶었어요. 그래서 왕이 된 뒤 나라를 정비하고, 무서운 속도로 영토를 넓혀 나갔지요. 특히 훌륭한 장수 이사부✝와 지혜로운 재상 거칠부✝가 진흥왕 곁에서 든든한 힘이 되어 주었답니다.

이 무렵, 백제는 26대 성왕이 다스리고 있었어요. 그는 고구려에 빼앗긴 백제의 옛 땅을 되찾기 위해서 애를 쓰고 있었어요. 성왕은 진흥왕에게 이런 제안을 했어요.

"지금 고구려가 권력 다툼으로 크게 혼란스럽소. 이 기회에 우리가 힘을 합친다면 고구려가 가진 한강 주변 땅을 빼앗을 수 있을 것이오. 우리를 도와 고구려를 공격하지 않겠소?"

지난 100여 년간 신라와 백제는 좋은 관계를 유지하고 있었어요. 강한 힘을 바탕으로 자꾸만 남쪽으로 영토를 넓히려는 고구려에 맞서기 위해 서로를 도왔거든요. 이를 '나제 동맹'이라고 해요.

진흥왕은 성왕의 제안을 받아들였어요.

"거칠부는 선봉장이 되어 군대를 총지휘하시오. 지금 고구려는 돌궐의 침입으로 북쪽에 정신이 집중되

✝ **이사부** 신라의 장수. 우산국(지금의 울릉도)을 신라 땅으로 만든 것으로 유명함
✝ **거칠부** 신라의 명재상. 진흥왕의 명령으로 신라의 역사를 담은 〈국사〉를 편찬했음

어 있소. 분명 고구려의 남쪽은 수비가 허술할 것이오."
 진흥왕은 거칠부를 고구려 남쪽으로 보냈어요. 성왕의 맏아들, 태자 창(훗날 위덕왕)도 백제군을 이끌고 왔어요. 신라와 백제 연합군은 고구려에 큰 승리를 거두었어요. 이때 고구려로부터 빼앗은 땅 가운데 한강 상류의 10개 군은 신라가, 한강 하류의 6개 군은 백제가 차지했지요.

그런데 진흥왕은 더 큰 욕심이 생겼어요.

백제가 차지한 한강 하류 지역이 탐이 난 거예요. 한강을 차지하면 기름진 평야를 얻어 풍족해질 수 있지요. 또 서해 바닷길을 이용해 중국과 직접 교류할 수도 있었어요. 지리적으로 중국과 교류가 쉽지 않았던 신라에게 백제가 차지한 한강 하류는 꼭 필요한 땅이었지요.

또 하나 중요한 것은 신라가 한강을 차지하면, 고구려와 백

제 사이를 갈라놓을 수 있다는 사실이었어요.

"백제가 가진 한강 하류 땅을 빼앗아야겠다!"

"폐하, 그것은 나제 동맹을 끊는 일이옵니다. 백제의 믿음을 저버릴 수는 없사옵니다!"

"내 어찌 그걸 모르겠소. 그러나 신라가 고구려와 백제보다 더 큰 나라가 되기 위해서는 어쩔 수 없는 일이오. 한강 유역을 온전히 차지하는 데 지금보다 좋은 기회는 없을 것이오."

아무도 진흥왕의 생각을 막지 못했어요. 결국 553년 진흥왕은 백제를 공격해 한강 하류 지역을 빼앗았어요. 이 과감한 작전을 성공시켰을 때 진흥왕은 고작 스무 살밖에 안 된 새파란 젊은이였답니다. 이렇게 100년이 넘게 지켜 온 나제 동맹이 깨지고 말았지요.

"신라의 애송이에게 당하다니, 원통한지고! 백제를 배신한 신라를 절대 용서하지 않겠다!"

크게 화가 난 성왕은 서둘러 신라와의 싸움을 준비했어요. 신라의 견제를 받던 대가야가 백제를 도왔지요.

554년 백제의 태자가 군사를

이끌고 관산성(오늘날 충북 옥천)을 공격했어요. 그곳은 백제와 신라 모두에게 중요한 곳이었어요. 한강으로 가는 길목에 자리해 있었기 때문이에요.

　백제군은 다시 관산성을 빼앗았어요. 그러자 다급해진 진흥왕은 김무력 장군을 관산성으로 보냈어요. 김무력은 훗날 삼국 통일을 이끈 김유신의 할아버지였지요. 신라의 공격이 거듭되자, 백제는 조금씩 밀리기 시작했지요. 성왕은 태자를 격려하기 위해 정예 군사만을 데리고 관산성으로 향했어요.

이 소식은 진흥왕의 귀에까지 들어갔지요.

"하늘이 나를 돕는구나! 관산성으로 가려면 삼년산성을 지나야 할 것이다. 삼년산성으로 가는 길목에 군사를 숨겨 두었다가, 성왕이 지나갈 때 단숨에 공격해라!"

진흥왕의 짐작대로 백제의 성왕은 삼년산성을 지나갔어요.

"백제군이 지나간다! 어서 나와 공격하라!"

신라군의 갑작스러운 공격에 백제군은 힘없이 당하고 말았지요. 결국 이 전투에서 성왕은 목숨을 잃고 말았답니다.

이렇게 해서 신라는 삼국 가운데 마지막으로 한강 유역을 차지한 나라가 되었어요. 진흥왕의 뜻대로 영토는 늘어났고, 중국과 직접 교류를 시작해 국력을 키웠지요. 이는 뒷날 삼국을 통일하는 데 중요한 발판이 되어 주었답니다.

백제를 이기고 한강을 차지한 진흥왕은 영토를 넓히는 일을 멈추지 않았어요. 기세를 몰아 북쪽의 고구려 땅을 빼앗았지요.

"폐하, 백제를 도와 우리를 공격한 대가야는 어떻게 하실 생각이십니까?"

"어차피 대가야는 우리 손안에 있다. 일단은 그냥 두거라."

하지만 562년 대가야가 신라에 반란을 일으키려 하자, 곧바로 움직였어요. 이때 가야는 법흥왕 때 정복한 금관가야를 뺀 다섯 개의 가야국이 남아 있었어요. 진흥왕은 이사부 장군을 보내 대가야까지 손에 넣었지요. 이렇게 신라는 한반도의 절반 이상을 차지하면서 역사상 가장 넓은 영토를 차지하게 되었어요. 진흥왕은 크게 기뻐했지요. 그런 뒤, 연호를 '태창(太$^{클\ 태}$昌$^{창성할\ 창}$)'으로 바꾸었어요. 신라가 크게 번영하고 있다는 자신감이 드러나는 연호이지요.

진흥왕은 자신이 정복한 지역을 직접 돌아보며, 나라의 안정과 평화를 기원하기 위해 하늘과 산에 제사를 올렸어요. 그리고 북한산비, 황초령비, 마운령비, 창녕비 이렇게 네 개의 기념비를 세웠어요. 이를 '진흥왕 순수비'라고 하지요.

불교의 힘으로 나라를 더욱 단단하게

 진흥왕은 영토를 넓히는 것 말고도 불교에도 큰 관심을 가졌어요. 신라는 이차돈의 순교를 바탕으로 어렵게 불교를 받아들였지만 그 뒤로는 왕의 이름까지 불교식으로 지을 만큼 불교에 대한 믿음이 강했어요. 진흥왕은 아들들의 이름을 동륜, 금륜이라고 불교식으로 지었어요.
 진흥왕이 새 궁궐을 지으라고 명했을 때였어요. 진흥왕은 궁궐터에서 기이한 일이 일어났다는 소식을 들었어요.
 "폐하, 새 궁궐터에서 황룡이 나타났다고 하옵니다."

"성스러이 여겨지는 황룡이 나타났단 말이냐? 그런 신성한 장소에 궁궐을 지을 수는 없지. 당장 궁궐 짓는 걸 멈추라 해라. 그 대신 신라에서 가장 큰 절을 지을 것이다."

이렇게 만들어진 절이 황룡사예요. 황룡이 나타난 곳에 지어진 절이라는 의미에서 이 같은 이름이 붙었지요.

진흥왕은 크고 작은 불교 행사를 자주 열며, 백성들에게 불교를 전했어요. 그 덕분에 서라벌(오늘날 경주)은 물론 다른 지역에도 불교가 널리 퍼져 나갔지요.

진흥왕의 다스림 아래, 중앙 집권 국가로서 기틀을 다진 신라는 그 어느 때보다 평화로웠어요. 하지만 진흥왕은 신라를 더욱 발전시킬 수 있는 방법을 찾기 위해 노력했지요. 그러다 문득, 거칠부나 이사부 같은 능력 있는 신하들이 많이 있다면 신라가 더욱 발전할 수 있을 거라는 생각이 들었어요. 진흥왕은 젊은이들을 모아 나라의 기둥이 될 인재로 만드는 제도를 만들어야겠다고 생각했어요.

"신라가 계속해서 발전하기 위해서는 나랏일을 도울 현명한 신하와 용맹한 장수가 필요하오. 뛰어난 젊은이들을 모아 나라에 필요한 인재로 기를 화랑 제도를 만드시오."

원래 신라에는 두 여성이 이끄는 '원화'라는 단체가 있었어요. 원화는 사회 규율과 예절, 무술 등을 수련하던 곳이지요. 그런데 우두머리였던 두 여성이 서로를 질투해 죽이는 사건이 일어났어요. 결국 이 사건을 계기로 원화는 없어졌지요. 그런데 진흥왕이 이 제도를 고쳐 화랑도를 시행하게 한 거예요.

진흥왕은 젊은이들을 모아 함께 수련시키는 뼈대는 그대로 두고, 소년들의 단체로 바꾸었지요. 귀족 출신의 '화랑'을 우두머리로 하여 신분 차별 없이 누구나 지원할 수 있는 '낭도'를 거느리도록 했어요. 엄격한 신분 사회였던 신라에서 화랑도는 공을 세우고 출세할 수 있는 기회가 되었답니다.

화랑도에는 왕실의 자녀와 귀족은 물론 평민까지도 가입할 수 있었어요. 그들은 함께 생활하며 교육을 받았어요. 김유신, 사다함, 관창과 같이 전쟁에서 공을 세워 중요한 자리에 오른 사람도 있고, 삼국 통일의 주역인 태종 무열왕(김춘추)도 화랑 출신이랍니다.

572년, 진흥왕은 개국, 태창에 이어 또 한 번 연호를 바꿨어요. 새 연호는 '백성들을 크게 구한다'는 뜻의 '홍제'였어요. 신라를 강한 나라로 만들기 위해 앞만 보고 달렸던 젊은 왕은 차츰 백성을 사랑하는 너그러운 왕이 되어 가고 있었지요.

사실 진흥왕은 영토 확장에만 관심이 있는 왕은 아니었어요. 왕위에 올라 스스로 정치를 할 수 있게 되자, 가야 출신의 악사 우륵을 받아들여 신라의 음악을 발전시키도록 했답니다. 신라의 화랑들이 무예를 닦는 것은 물론 춤과 노래에 능하고, 향가[*]도 잘 지었던 것은 진흥왕이 문무를 겸비한 왕이었기 때문에 가능했던 일일 거예요.

그런데 진흥왕의 여러 가지 노력이 빛을 발해 신라가 크게 발전하고 있을 때에, 불행한 일이 일어났어요. 진흥왕이 아끼던 태자 동륜이 목숨을 잃은 것이에요. 나라를 물려줄 태자를 잃은 진흥왕은 큰 슬픔에 빠졌지요. 진흥왕은 아들을 잃은 슬

✤ **향가** 한자의 음과 뜻을 빌려 우리말을 적는 향찰을 사용하여 기록한 신라의 노래

품 때문인지 576년, 마흔세 살의 젊은 나이에 세상을 떠났답니다.

 비록 이른 죽음을 맞이하기는 했지만, 진흥왕이 만든 다양한 제도와 정책은 삼국 중 가장 약했던 신라를 빠르게 발전시켜 주었어요. 그가 있었기에 신라는 삼국을 통일할 발판을 마련할 수 있었답니다.

진흥왕의 배신, 어떻게 보아야 할까요?

찬성 : 진흥왕의 배신은 신라를 위한 것이니 정당해요.

신라는 백제와 고구려가 중국으로 가는 길목을 막고 있어서, 중국의 앞선 문화를 받아들이기 쉽지 않았어요. 왕권이 약해 중앙 집권화를 이루는 데도 시간이 오래 걸렸지요.

진흥왕이 나제 동맹을 깨고 한강을 점령한 것은 신라의 발전을 위해 어쩔 수 없는 선택이었어요. 삼국은 서로의 이익을 위해 동맹과 침략을 거듭했으니 진흥왕의 배신이 그렇게 비난받을 일은 아니라고 생각해요.

반대 : 동맹을 깬 배신 행위는 용서받을 수 없어요.

신라는 백제와 동맹을 맺은 뒤 고구려를 공격했고, 한강 유역 땅을 나눠 가지기로 했어요. 그런데 진흥왕은 단지 더 많은 영토를 가지기 위해 100년 이상 이어 온 동맹을 깬 거예요.

그리고 가장 충격적인 것은 성왕을 죽인 방법이에요. 전투 중에 신라 땅을 침략한 성왕을 사로잡아 노비에게 목을 베게 했지요. 동맹을 깬 것도 모자라 한 나라의 왕을 조롱하며 죽이다니, 너무했다고 생각해요.

진흥왕의 변명 내가 동맹을 깨고 성왕을 죽인 것은 미안하지만, 백제의 근초고왕도 전투 중에 고국원왕을 죽였잖아? 내가 살던 삼국 시대에는 전쟁을 통해 나라를 성장시키는 일이 아주 당연했어. 전쟁을 하다 보면 왕이라 해도 죽는 일이 생기곤 하지. 내가 한 일들은 모두 신라를 발전시켜 백성들을 편하게 해 주고 싶어서 한 일이야. 나를 너무 나쁘게 보지 않았으면 좋겠어.

신라 통일의 비밀 무기, 화랑도를 소개합니다

화랑도는 귀족 중에서 우수한 청년을 뽑아 우두머리인 '화랑'으로 두고, 이들이 수백 명의 낭도를 이끄는 신라의 청소년 단체였어요. 나라를 이끌고 전투에 적극적으로 참여할 인재를 키우는 국가 제도지요.

화랑은 나라의 안정과 평화를 위해 학문과 무예를 갈고닦았으며, 신라가 삼국을 통일하는 데 큰 역할을 담당했어요.

이런 화랑에게는 반드시 지켜야 할 다섯 가지 규율이 있었어요. 그것을 가리켜 '세속 오계(世^{세상 세} 俗^{풍속 속} 五^{다섯 오} 戒^{경계할 계})'라고 하지요. 세속 오계는 신라 제26대 진평왕 때 원광법사가 만들었어요. 이 안에 신라 통일의 비결이 들어 있답니다.

一. **사군이충** (事^{섬길 사} 君^{임금 군} 以^{써 이} 忠^{충성 충})
- 충성으로 임금을 섬겨라.

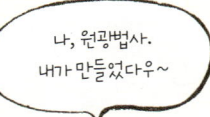

나, 원광법사. 내가 만들었다우~

二. **사친이효** (事^{섬길 사} 親^{어버이 친} 以^{써 이} 孝^{효도할 효})
- 어버이에게 효도해라.

三. **교우이신** (交^{사귈 교} 友^{벗 우} 以^{써 이} 信^{믿을 신})
- 믿음과 의리를 바탕으로 벗을 사귀어라.

四. **임전무퇴** (臨^{임할 임} 戰^{싸울 전} 無^{없을 무} 退^{물러날 퇴})
- 전쟁에서 물러서지 마라.

五. **살생유택** (殺^{죽일 살} 生^{날 생} 有^{있을 유} 擇^{가릴 택})
- 함부로 생명을 해치지 마라.

신라 일보

HOT ISSUE #2　그것이 알고 싶다!

진흥왕 순수비, 샅샅이 파헤치기!

　진흥왕은 한반도에서 가장 중요한 지역인 한강 유역을 백제로부터 빼앗고, 가야를 신라 땅으로 만들며 신라의 전성기를 이끌었어요. 그리고 새로 신라의 영토가 된 땅에는 비석을 세워 기념했지요. 이를 '진흥왕 순수비'라 불러요.
　그런데 왜 '영토 확장 기념비'가 아니고 '순수비'일까요?
　순수란 왕이 전국을 누비면서 하늘과 땅에 제사를 지내고, 그 지역의 민심*을 살피는 일이에요.
　진흥왕 순수비란 왕이 순수한 곳을 기념하기 위해 세운 비석이라는 뜻이지요. 지금까지 발견된 순수비는 모두 4개예요. 북한산비, 창녕비, 황초령비, 마운령비가 그것이지요. 순수비가 세워진 순서를 보면 신라가 영토를 넓힌 과정을 더욱 쉽게 이해할 수 있어요.

★**민심** 백성들의 마음

Tip 단양 적성비는 순수비가 아니에요!
진흥왕은 고구려가 차지하고 있던 한강 유역의 적성 지역을 점령한 뒤, 단양 적성비를 세웠어요. 비석에는 이곳을 빼앗는 데 공을 세운 이들을 칭찬하고, 신라에 충성을 다하는 자에게 상을 내리겠다는 내용의 글귀가 새겨져 있어요.
하지만 왕이 직접 와서 살피고 세운 것은 아니기 때문에 순수비라고 할 수 없답니다.

특집 기사

북한산비(555년)
가장 먼저 세워진 순수비예요. 한강 유역을 차지한 뒤 세운 비석이지요. 북한산비에는 신하와 백성의 노력을 격려하고, 충성을 다한 자들에게 상을 내린다는 내용이 담겨 있어요.

황초령비·마운령비(568년)
황초령비와 마운령비는 고구려의 영토였던 함경도 지역을 차지한 뒤 세웠어요. 황초령비에는 '이 지역의 사람들을 신라 백성들과 똑같이 대우하고 보살펴 주겠다.'는 내용이 새겨져 있지요.

창녕비(561년)
창녕비는 대가야를 정복한 뒤 낙동강 유역에 세운 순수비예요. 신라와 백성들의 수고를 격려하고 충성된 자들에게 상을 내리고자 친히 돌아보았다는 내용을 남겼어요.

141

찾아보기

ㄱ
거칠부	124~125, 133
계백	79~92, 96
관창	89~91, 136
광개토 대왕	10~26
광개토 대왕릉비	31
근구수왕	62
근초고왕	59~62, 64~68, 70~71
김유신	80, 82, 87~88, 91, 136
김춘추	43~44, 82, 136

ㄴ
나제 동맹	28, 124, 127~128, 138

ㄷ
당 태종	36, 44~48, 52
당나라	35, 38~39, 44~52, 82~83, 92~95
대가야	128, 130~131

ㅁ
마애 여래 삼존상	75
무령왕릉	74
묵호자	118~119

ㅂ
박사	69~70
반굴	88~89, 91
백제 부흥 운동	95
법흥왕	102~110, 112, 115
보장왕	43~44, 52
복신	95
불국사	117

ㅅ
석굴암	117
성왕	78, 124~125, 128~130, 138
성충	79~82
세속 오계	139
소수림왕	10, 12
소정방	82

ㅇ
아직기	68
연개소문	36~55
연호	30~31, 123, 131, 136
영류왕	35~36, 39~40, 43
왜국	19, 60~61, 68~69, 73, 95
원화	134
율령	102

을지문덕	53
의자왕	78~84, 92~95
이사부	124, 131, 133
이차돈	105~115
이차돈 순교비	116

ㅈ

장수왕	25~29
정림사지 5층 석탑	75
중원 고구려비	29
진흥왕	123~138, 140
진흥왕 순수비	131, 140~141

ㅊ

천리장성	39
칠지도	61, 73

ㅌ

태학	12

ㅎ

화랑	88~91, 133~136, 139
황룡사	133
황산벌 싸움	84~92, 96
흑치상지	95

Q. 사회 공부를 쉽게 하려면?
A. 통합교과 시리즈 참 잘했어요 사회 를 본다!

참 잘했어요 사회 시리즈는 새로운 교과 과정에 맞춰 선보이는 통합교과 정보서입니다.
자세하고 정확한 정보를 꼼꼼히 골랐으며, 만화·인터뷰·동화 등을 활용해 다양하게 구성했습니다.
또 책에서 얻은 지식을 완전히 내 것이 되도록 돕는 워크북도 함께 실었습니다.

글 강효미 외 | 그림 우연이 외 | 각 권 값 10,000원

● 이 책의 특징

✓ 하나! 하나의 주제를 다양한 교과 영역에 접근하여 정보 전달력 Up!
✓ 둘! 만화·인터뷰·동화 등이 골고루 담겨 있어 지루할 틈 Zero!
✓ 셋! 배운 내용을 다지며 서술형 평가에 대비하는 워크북 Plus!

통합교과 시리즈: 개념 - 인물 - 역사 - 수학 - 과학 - 예술 - 체험 - 사회

지학사아르볼